生きてまします法蔵菩薩

鍵主良敬
Kaginushi Ryokei

方丈堂出版
Octave

喜寿を祝う会での鍵主良敬先生
（2010年６月５日、於・京都センチュリーホテル）

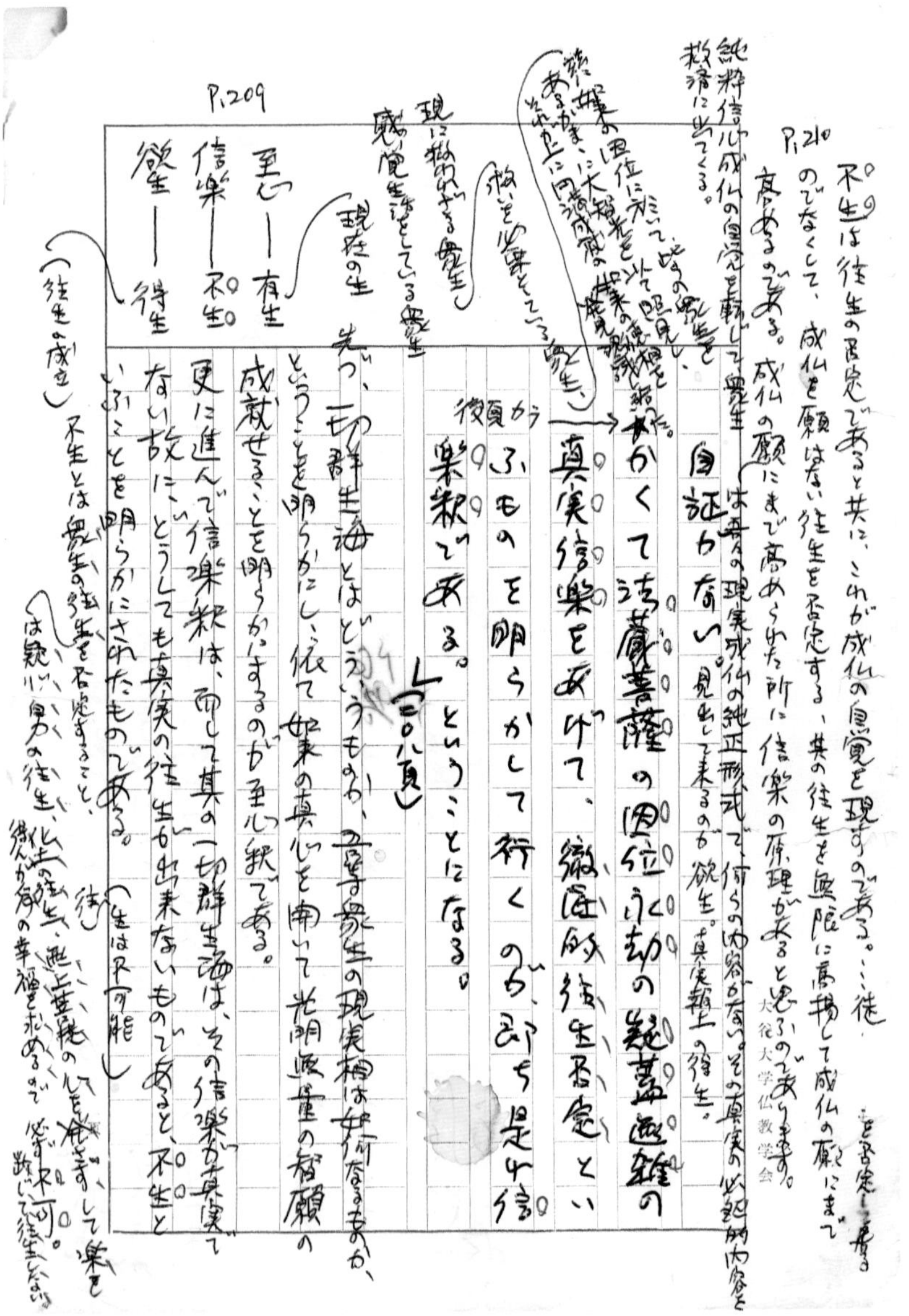
自証力ない。
かくて法蔵菩薩の因位永劫の疑蓋無雑の真実信楽をあげて、微塵劫の往生否定というものを明らかにして行くのが、即ち是れ信楽釈である。ということになる。
先づ一切群生海とはどういうものか、衆生の現実相は如何なるものか、ということを明らかにし、依て如来の真心を開いて光明無量の智願の成就せることを明らかにするのが至心釈である。
更に進んで信楽釈は、而して其の一切群生海は、その信楽が真実でない故にどうしても真実の往生が出来ないものであると、不生ということを明らかにされたものである。
至心―有生
信楽―不生
欲生―得生
大谷大学仏教学会

鍵主良敬先生の手書き原稿

生きてましまず法蔵菩薩＊目次

序

本書が成れる背景については、三原隆応氏の「あとがき」を読んでいただきたい。前著『近代真宗教学往生論の真髄』（方丈堂出版、二〇一八年）が先生の遺言なら、本書は先生の「白鳥の歌」と言えよう。

私は大谷大学文学部仏教学科で先生のゼミに入った。その頃、ゼミでは最初に『大乗起信論』を学んだ。次の年は真諦訳の『摂大乗論』、大学院の自主ゼミでは『成唯識論』を講読した。それで私は先生の課題が唯識思想の理解にあるのだと思っていた。その後、先生は華厳教学の性起思想に関する研究に専心され大きな論文をまとめられた。華厳思想は唯識教学と深い関係にあるので、その為に唯識思想に取り組まれているのだと思っていた。その華厳の性起の問題と唯識のアラヤ識思想は、先生の中でこのような実を結ぶことになったのだ。

本書の中心は、先生の言葉を借りるならば「脳味噌の闇と身の事実の異なり」である。先生は以前から第六意識と第八アラヤ識の関係について言及されていたので、こうした意味の言葉は以前からお聞きしてきた。しかし、今般本書に収められた「〝人間の心の闇〟と生き抜くエネルギー」を拝読するとこれまでとは全く迫力が違うのだ。この背景には、前著でも本書でもしばしば言及されているように、小谷信千代氏からの問題提起が大きく関係している。当初、その問題提起について先生は激しく反応されたが、それが契機となって聖教の読み直しが進み思索が深化したのである。本書では「小谷が示す論点は私自身の内面にある闇とつながっている」とまで書かれている。

こうした深化は、本書の冒頭にある通り、曇鸞大師の「無生の生」の論究の結果である。これは経典の中では「無生法忍」と称される。よく知られた言葉で言うなら、『般若経』の「色即是空　空即是色」の問題である。それを僧肇は「無生の生」という一語で表現した。曇鸞大師は僧肇によったのである。それが先生の思索を通して「絶対否定から生まれる絶対肯定の生の顕現」という表現を生んだ。この点は、さらに「言語（ことば）」をめぐる哲学者の探究と重なって一層深い自覚となり、現にこの身の事実が「無生の生」に連動した「一如と言い切ることのできるゆるぎない認識」へとつながっていくのである。「無生の生」「無生法忍」ということばは、本来、空に立脚した大乗大菩薩の菩薩道の実践を表す時に用いられる言葉なのであるが、身の事実としての一如は絶対に二つではないという確信によって、凡夫と大菩薩の問題が重なったのである。

ソシュールが言うように「ことば」は、ある決まった使い方をすることでその意味が成り立つ。だからそれぞれの言葉にはそれを使う特定の文脈がある。そこから文字に書かれた言葉には固定した意味が生まれる。この固定化は本来生き生きとしたいのちの流れを固定することにもなる。しかしながら、その固定化の故に、本来出会うことのない「古い言葉」を組み合わせ直すことで、新しい創造的な意味を表現することができるのだと思う。曇鸞大師や親鸞聖人がなされたことはこのことなのだ。経典の古い言葉は曇鸞大師によって新たな意味が吹き込まれ、その曇鸞大師の言葉は、同じように親鸞聖人によって新しい創造的な意味が盛りこまれたのである。それと同じように曽我先生の剛直な言葉は、鍵主先生の思索によって私にも届くような平易な文章となってここに残されたのである。

私は、数年前、金沢に向かう列車の中で、先生から「法蔵菩薩はアラヤ識である」という曽我量深先生の思想をどう思うかと尋ねられたことがあった。その時、私は即座に「法蔵菩薩は如来の範疇、アラヤ識は有為法で衆生のことだから同じはずはない」とお答えした。その時、先生はそうとも違うとも言われないで黙って目をつむっておられた。その如来と衆生の問題は、本書において「この身における一如の事実」として明らかにされたのである。

晩年のある時、先生は突然「これまでは目の玉が活字の上を滑っていただけだった」と言われて私は非常に驚いた。本書の中にはそうした気づきが随所に記録されている。実現しなかった先生の米寿記念の講演会は、「血まみれの私から躍動する生き方へ——一如の願心にとまどう君（あなた）へ——」という講題であった。この「血まみれの私」とは、この拙文を書いている私のことであり、本書を手に取ってくださったすべての人のことでもある。そうした先生独自の思索の結晶として「生きてましますす法蔵菩薩」という書名が最もふさわしいと私たちは考えた次第である。

二〇二一年六月九日

「鍵主良敬先生の学恩に謝する会」代表
織田顕祐（同朋大学特任教授・大谷大学名誉教授）

一、回向の主体として生きる法蔵菩薩

序章　親鸞「臨終往生説」の論拠

はじめに

小谷信千代の『親鸞の還相回向論』（法藏館、二〇一七年）では、「第一章　親鸞の往生論」の「六、親鸞「臨終往生説」の論拠」において次のような見解が開陳される。

親鸞の願生する往生（難思議往生）が臨終往生・命終往生であると主張する「臨終往生説」の論拠を整理して示しておきたい。それらが、親鸞が往生を臨終往生として理解していたと解するのが、現時点で筆者が「唯一の正しい理解である」とする主張の論拠である。

（『親鸞の還相回向論』五七頁）

これが小谷説『親鸞の還相回向論』の主題であるとすると、宗祖の往生論とはいかなる内容のものであるのか。小谷の主張についての徹底的な解明が必要になってくる。

そこで「即得往生」について見ると、

命終後であることが明確に示されていないのは、『無量寿経』第十八願成就文中にただ一度あらわれる「即得往生」の語だけである。それゆえ親鸞は、この異例な「即得往生」の語が、浄土経典に説かれる臨終往生や命終往生とは異なる往生を説くものと誤解されないように注意を促すために、『一念多念文意』にその語の注釈を記したのである。

（同前五九〜六〇頁）

と言う。ここでの『一念多念文意』の注釈とは、

「即得往生」というは、「即」は、すなわちという、ときをへず、日をもへだてぬなり。また即は、つくという。そのくらいにさだまりつくということばなり。「得」は、うべきことをえたりという。真実信心をうれば、すなわち、無碍光仏の御こころのうちに摂取して、すてたまわざるなり。「摂」は、おさめたまう、「取」は、むかえとると、もうすなり。おさめとりたまうとき、すなわち、とき・日をもへだてず、正定聚のくらいにつきさだまるを、往生をうとはのたまえるなり。

（『一念多念文意』、『真宗聖典』五三五頁、東本願寺出版、以後聖典と略す）

のことである。

さらに宗祖は「一切臨終時」について、

極楽をねがうよろずの衆生、いのちおわらんときまで、ということばなり。（同前五三四頁）

といわれている。すなわち、現に生きているわれわれ衆生のことであることは明らかである。死後の浄土での正定聚ではないことも疑いようがない。したがって、この『文意』の語を根拠として臨終往生・命終往生と解するのには無理がある。

また、宗祖は『唯信鈔文意』において次のように言われている。

選択不思議の本願、無上智慧の尊号をききて、一念もうたがうこころなきを、真実信心というなり。金剛心ともなづく。この信楽をうるとき、かならず摂取してすてたまわざれば、すなわち正定聚のくらいにさだまるなり。このゆえに信心やぶれず、かたぶかず、みだれぬこと、金剛のごとくなるがゆえに、金剛の信心とはもうすなり。これを「迎」というなり。『大経』には、「願生彼国　即得往生　住不退転」とのたまえり。「願生彼国」は、かのくににうまれんとねがえとなり。「即得往生」は、信心をうればすなわち往生すという。すなわち往生すというは、不退転に住するをいう。不退転に住すというは、すなわち正定聚のくらいにさだまるとのたまう御のりなり。これを「即得往生」とはもうすなり。「即」は、すなわちという。すなわちというは、ときをへず、日をへだてぬをいうなり。（『唯信鈔文意』、聖典五四九～五五〇頁）

どう見ても、現に生きているわれわれのことである。死後の往生について述べているなどとどうして小谷は判断したのであろうか。

そのような事実に反する認知が「親鸞の往生論」として公表されているのなら、ただごとですまないことにならないか。何らかの隠された背景があってのこととは推定される。その点は確かめなければならないとしても、実際にわれわれが目にしているのは、世にも不思議な主張が大手を振ってまかり通っている事実である。

宗祖の次の文を臨終の一点での往生を主張していると読んだのであろうか。考えられない思い込みとしか言えない。

来迎は諸行往生にあり。自力の行者なるがゆえに。臨終ということは、諸行往生のひとにいうべし。いまだ、真実の信心をえざるがゆえなり。（中略）真実信心の行人は、摂取不捨のゆえに、正定聚のくらいに住す。このゆえに、臨終まつことなし、来迎たのむことなし。信心のさだまるとき、往生またさだまるなり。（『末燈鈔』、聖典六〇〇頁、七九歳）

まず、善信が身には、臨終の善悪をばもうさず、信心決定のひとは、うたがいなければ、正定聚に住することにて候うなり。さればこそ、愚痴無智のひともおわりもめでたく候え。如来の御はからいにて往生するよし、ひとびともうされ候いける、すこしもたがわず候うなり。としごろ、おのおのにもうし候いしこと、たがわずこそ候え。かまえて、学生沙汰せさせたまい候わで、往生をとげさせたまい候うべし。（同前六〇三頁、八八歳）

ここでは特に、「学生沙汰」に興味を引かれた。『歎異抄』でいえば、「南都北嶺にも、ゆゆしき学生たちおおく座せられてそうろうなれば」（聖典六二六頁）に当たるように思われる。宗祖の問題は、苦悩に喘ぎながら生きている群生海といわれる「ひとびと」が対象である。その厳しい現実を単なる他人事としか見ていないのではないか。あまりにも無神経な論理となろう。学問沙汰に迷惑してしまうのは、ただの抽象論である。人間性を失う危険があるとの注意がなされていると思われた。ゆえに、次の文からも多大の示唆を与えられた。

「願力摂得往生」というは、大願業力摂取して往生をえしむといえるこころなり。すでに尋常のとき、信楽をえたる人というなり。臨終のとき、はじめて信楽決定して摂取にあずかるものにはあらず。ひごろかの心光に摂護せられまいらせたるゆえに、金剛心をえたる人は正定聚に住するゆえに、臨終のときにあらず。かねて尋常のときよりつねに摂護してすてたまわざれば、摂得往生ともうすなり。（中略）臨終の来迎をまつものは、いまだ信心をえぬものなれば、臨終をこころにかけてなげくなり。

（『尊号真像銘文』本、聖典五二二頁、八六歳）

この『銘文』で特に強烈な衝撃を受けたのは、「尋常のとき、信楽をえたる人」という点であった。「臨終」の往生を主張するのが親鸞であると言い、祖師の著作のどこにも「現生正定聚」の説は見られないと小谷は言う。この判断は、『銘文』の尋常往生説を知らなかったということになるのか。目は通したが、その意味に気づかなかったのか。甚だ疑問である。くり返すが「臨終のとき、はじめて信楽決定して摂取にあずかるものにはあらず。（中略）臨終のときにあらず。かねて尋常のときよりつねに摂護してすてたまわざれば、摂得往生ともうすなり」と、宗祖ははっきり言い切られている。どのようにこの文を読んで、著作のどこにも尋常の往生はないと断言できたのか。小谷説は世にも奇妙な主張としか言いようがない。

なお、この課題は『銘文』の説として見れば、最初から問われていたのであった。

「乃至十念」ともうすは、如来のちかいの名号をとなえんことをすすめたまうに、(中略)乃至のみことを十念のみなにそえてちかいたまえるなり。如来より御ちかいをたまわりぬるには、尋常の時節をとりて、臨終の称念をまつべからず。ただ如来の至心信楽をふかくたのむべしとなり。この真実信心をえんとき、摂取不捨の心光にいりぬれば、正定聚のくらいにさだまるとみえたり。(同前五一二〜五一三頁)

と。『大無量寿経』に説かれる、如来の四十八願の第十八願についての了解である。「至心は、真実ともうすなり」とあり、「如来の御ちかいの真実なるを至心ともうすなり」と言われる。対して、われわれ衆生は「煩悩具足の衆生は、もとより真実の心なし、清浄の心なし。濁悪邪見のゆえなり」と言われ、「至心信楽は」、「凡夫自力のこころにはあらず」とまで断言されている。十念の名号にそえて誓いたまうのであり、その如来の「御ちかい」をたまわるからには、「尋常の時節をとりて、臨終の称念をまつべからず」と言われている(同前、要旨筆者)。どうして臨終・死後の往生を期待する説と読めようか。現生正定聚の往生は「尋常の時節」というのが宗祖の本意であろう。

また、「平生業成」についての祖言以外の視点として言えば、次の所説も参考になる。

念仏往生には臨終の善悪を沙汰せず。至心信楽の帰命の一心、他力よりさだまるとき、即得往生住不退転の道理を、善知識におうて、聞持する平生のきざみに治定するあいだ、この穢体亡失せずといえども、業事成弁すれば、体失せずして往生すと、いわるるか。

（『口伝鈔』、聖典六六六頁）

これさらに臨終のときはじめてうる往生にはあらず。されば、至心・信楽の信心をえながら、なお往生をほかにおきて、臨終のとき、はじめてえんとはおもうべからず。したがいて、信心開発のとき、摂取の光益のなかにありて往生を証得しつるうえには、いのちおわるときただそのさとりのあらわるるばかりなり。ことあたらしくはじめて聖聚の来迎にあずからんことを期すべからずとなり。

（『浄土真要鈔』本、聖典七〇〇〜七〇一頁）

以上の所論を踏まえて、住正定聚と滅度についての講録を見ると、次の説が参考になった。

問云、住正定聚は始益なり、また必至滅度は終益にして究竟の益なり、然ればすなわち真実の証に於て且く分極二証の別ありと云うや、但し極証のみにして分証なきや。（中略）

答云、かの浄土の菩薩はみなこれ従果向因の菩薩にして、（中略）従因至果の等覚分証の菩薩には同じからず、この故に必至滅度の証は、たとい土中にして分証の相を現ずといえども、彼はこれ利他教化地の為にして、実は極証にして分証にはあらず。

（甘露院慧海『真宗叢書』「真宗百論題集」上、四六〇頁）

ここでは、「住正定聚は始益であり、必至滅度は終益であるとすると、真実の証のところでは部分的な証と究極の証と二証あるというのか。極証のみがあって分証はないのか」という問いが立てられている。それに対して、「浄土の菩薩は成就した果から因に向かう菩薩なので、因から果に向かいつつある通例の菩薩とは同じではない。ゆえに滅度の菩薩は浄土で部分的な証を現す場合があっても、利他教化のためにそのような相を示しているだけで、実には極証であり、分証ではない」とある。因と果、あるいは始めと終わりというように、はっきりと区別される面はある。しかし、真実の証のところでは、分証は方便として示されることであり、極証しかないという見解である。

次に、聖道門で言う証果と浄土門で談ずる証果と、その果相は同一なのか別異なのかの問いが立てられる。その答えは、

阿耨菩提の証果全同にして二門の別なし。爾りといえども、かの聖道門には性得の上に就いて能証の果相を談ず。又わが浄土門には法蔵菩薩修徳顕現の上に就いて能証の果相を談ず。故に阿耨菩提の証果、且く二門に亘って同一と談ずといえども、その所談に至っては二門の証果、その別なることや雲泥の如し。又はいうべし、かの聖道所談の証果は、等覚薩埵の位にして、分証にして極証にあらず。今わが往生浄土門の証果は、往生即成仏、故に極証にして分証にあらざるなり。知るべし。

（同前四六一頁）

つまり、「阿耨菩提」とは無上の「さとり」である。「さとり」はすべての苦悩の消滅である。その状態を「涅槃」と言うので「無上の大涅槃」のことになる。「その証果に聖道門と浄土門では違いがあるのか」という問いに対して、証果は全く同じであって、差異があるなどありえないと言われているが、聖道門では本来的に得ている性得の仏性の立場で、しかも行者の主体的な覚証のところで果相を談じている。それに対して浄土門には法蔵菩薩が実際に修行された、その結果として得られた果相をわれわれ凡愚に賜った功徳としての果相である。したがって、聖道・浄土の二門については、「かわりめあり」（聖典六二八頁）と言うのであるが、同一であるという場合でも、その証果の実際で言えば「雲泥の」差があると言うのである。

次の浄満院の説にも教えられるところがあった。

問、今家正定聚を以て現益とすること、何れの経文に拠り給うや。

答、（中略）建立彼因とは弥陀如来衆生にかわりて成仏の因を建立するなり。邪定不定の人はこれを了知すること能わず。只正定聚の人のみ能くこれを了知するが故に無上涅槃を究竟することを得るなり。（中略）正定聚は即ち第十八願の機なり。

（浄満院円月『真宗叢書』「真宗百論題集」上、四六一頁）

問、経釈の中彼土正定を明すもの枚挙すべからず。云何が之を解するや。

答、此土密益を以て実得とし、彼土正定はこれ即ち示現なり。初生速極の故に正定不退はこれ示現にして、実得には非ざるなり。即ち現生密得の益彼土に至って顕現する所なるが故に、其得処を論ずるときは此土に在り。何となれば道理成仏の法、万行円備して方に剋成すべし。今弘願一乗は超越成仏の法なり。法体回向の六字名号に万行円備する、即ち是れ仏因なり。此名号を全領するとき万徳を円満して成仏の因、芥子ばかりも欠くることなし。是を正定聚の機とする故に此土実得なること必せり。然るに彼土正定を説き給うもの、みな従因至果の相なり。(中略) 此等の経釈皆従因至果の相にして、初生速極の義に非ず。定聚と滅度と能至所至の分斉にして彼国中の人天定聚に住して而して後に至る所の滅度なるが故に、広門示現の相に約して之を誓い給うものなり。(同前四六二頁)

十一願の如きは定聚を取って之を現益とし給う。(中略) 国中人天を獲信の人とし給うものなり。(中略) 此等の釈皆唐訳の経意に根拠して、これを会して現生正定の義を顕し、以て初生速極の旨を成じ給う。(同前)

要を言えば、「彼土正定」は「死後往生」の説である。この世を終わってから彼の土で正定聚に住すると主張する。そのように往生を考えている経釈は「枚挙すべからず」とある。数えきれないほどである。ゆえに人々がそのように思い込んでしまうのも当然であろう。この現実をどのように理解したらいいのかとの問いである。

答えの「此土密益を以て実得とし、彼土正定はこれ即ち示現」というのは、この世で初めて浄土に生まれんとするものは、現生正定聚の義を顕すので、即時に無上涅槃を極めるのである。つまり、滅度に至ってから正定を得るというのは、示されているだけの示現であって、実際に得られるという実得ではない。すなわち、現生で正定聚の益を密得したとしても、ただ約束されただけで、直ちに往生したわけではないと主張しても、彼の土に至ってから顕現するというのであるから、その得る処を論じている時は此の土に在る。どうしてかと言えば、「道理として成仏する」という法は、すべての行が円満に備わって速極に成立するはずである。今言う弘願の一乗は超越した成仏の法である。ゆえに法体の回向による六字の名号には、万行が円備している。それが仏因である。したがってこの名号を全領する時、万徳を円満して、成仏の因は芥子の粒ほども欠けることはない。このことを正定聚の機とするので、此の土で実際に得られる益であることは必然である、と言うのである。

そこで小谷説を見ると次の文が目に留まった。

『無量寿経』ではそれらは浄土に往生して得られる、仏の悟りに間違いなくいたる位を意味する語として用いられます。親鸞はその位を、浄土に往生してからではなく、現生において得られる位、往生が保証される位として受け止めます。真実の信心が得られるとき、如来のお力で現生において正定聚の位に導かれて臨終往生が確定する。
（『誤解された親鸞の往生論』二一頁）

と言う。続いて、「即得往生」の「即」が「そのくらいにさだまりつくこと」とあるように、「正定聚のくらいにつきさだまる」ことを意味し、「即時入必定」の語について、「他力信楽のひとは、このよのうちにて、不退のくらいにのぼりて」とあるように、「現生」が示しているのは「正定聚・不退転が得られる時」であって、「往生を得る時」を示す語としては用いられてはいない。つまり、「現生正定聚」と「現生往生」とは別であるところがここでの核心となっていると小谷は言う。（同前二二頁、要旨筆者）

しかし、龍樹の立場で見れば『十住毘婆沙論』の「即時入必定」（『真宗聖教全書』一、二六〇頁）の語が現生正定聚は当然のこととして、現生往生を意味し、死後往生を示すものでないことは明らかである。そこで小谷の記述を確かめると、その説は特異まれな見解であることがわかる。すなわち、

龍樹は中観学派の始祖であり、般若経の信奉者であり、その立場から『毘婆沙論』は書かれているということです。般若経の教えにもとづいて書かれた『毘婆沙論』では、菩薩行を行じて初地の段階にいたって見仏したり聞名すれば、現身に正定聚・不退転に達するとされますから、それこそ現生で往生し、正定聚の位にいたることができます。（『誤解された親書の往生論』二六頁）

と言い、

親鸞の意図が「現生正定聚」を明らかにすることにあったことが知られます。「現生往生」を明らかにしようなどという意図が親鸞の念頭にまったくないことは極めて明瞭です。（同前二七〜二八頁）

と言う。

ここには「中観学派・般若経の信奉者」という龍樹についての極めて注目すべき立場が示されている。つまり、龍樹の視点は現生往生を強調する般若経を依り処として成り立っていて、死後往生を述べる浄土経典の立場とは異なるとする説である。般若経と浄土経典とは異質のものと見ている。

ところがたとえば、『大経』の「東方偈」には、

覚了一切法　猶如夢幻響　満足諸妙願　必成如是刹

（聖典四八頁）

すなわち、「すべては夢・幻・響のごとしと覚了するからこそ、もろもろの妙願を満足して、しかるべき仏土を必ず仕上げよう」とあり、続いて

通達諸法性　一切空無我　専求浄仏土　必成如是刹

（同前四八〜四九頁）

「諸法の性はすべて空であり、無我であることに通達するからこそ、専ら浄仏土を求めて、必ずその仏土を仕上げよう」とある。ゆえに、般若経とは異質の、浄土経典の死後の往生の立場に立つ宗祖は、現生で往生するなどという意図は全くなく、「現生往生（現世往生）を認めていなかった」（『誤解された親鸞の往生論』二八頁）との説は虚偽になる。『大経』は空の立場に立ちながら浄土について述べているからである。つまり小谷説は事実と反しており、その結論は認められないということである。

ゆえに、当然のことではあるが、

『毘婆沙論』と『論註』では往生と正定聚とは現生で得られると説かれています。しかし親鸞はその説をとりませんでした。なぜなら親鸞には、現生での往生を説く般若経典とは異なり、往生

は臨終時・命終時に得られると説く『無量寿経』の臨終往生の教説が確固たるものとして存在していたからです。（同前二八～二九頁）

という小谷のこの結論と、私の見解は完全に異なるので、できるだけ具体的にその点について述べることにする。

まず「龍樹和讃」の最初で祖師は言う。

本師龍樹菩薩は　智度十住毘婆沙論等
つくりておおく西をほめ　すすめて念仏せしめたり（『高僧和讃』、聖典四八九頁）

と。『智度論』は般若経の注釈であり、『十住毘婆沙論』は『十地経』の注釈である。「即時入必定」の説かれるのは「初歓喜地」についての教説においてである。「易行品」と共に重要な論点になっている。

先に引用した小谷説に関して言えば、「菩薩行を行じて初地の段階にいたって見仏したり聞名すれば、現身に正定聚・不退転に達するとされますから、それこそ現生で往生し、正定聚の位にいたることができます」というところに妥当する。この問題について宗祖の引用されている箇所は単純ではない。その点を検証する。まず、

世間道を転じて出世上道に入るものなり。「世間道」をすなわちこれ「凡夫所行の道」と名づく。（中略）凡夫道は究竟して涅槃に至ることあたわず、常に生死に往来す。これを「凡夫道」と名

づく。

（『教行信証』「行巻」、聖典一六二頁）

と言われている。一介の凡夫として生きているわれわれは、結局涅槃に至ることなどできず、常に生死する輪廻の世界を往来しているだけという厳しい指摘である。したがって凡夫の状態を延長すれば菩薩になるなどということはありえない。要を言えば前に見た「東方偈」にあるように、「すべてのものは夢・幻・響のようにはかないものであるが、そのことをはっきり覚了したうえで、さまざまな妙願、すなわち本願を満足するために真実の浄土を説く」ことに尽きるのである。

そこで『十住毘婆沙論』に戻ると、「転じて、出世上道に入るものなり」とある。転換して捨離するしか方法はないと言うのである。龍樹の言うところは「転入」である。ゆえに、

「出世間」は、この道に因って三界を出ずることを得るがゆえに、「出世間道」と名づく。（中略）この心をもって初地に入るを「歓喜地」と名づく。（同前）

と言われている。出世間の上妙の道は凡夫の世間道が転換して成り立つのであって、流転のままの状況がそのままで成就したのではない。ゆえに「初地」を「初歓喜地」と名づけるのは、

初果の究竟して涅槃に至ることを得るがごとし。菩薩この地を得れば、心常に歓喜多し。自然に諸仏如来の種を増長することを得。（同前）

とある通りである。ここで「初果を得るがごとし」というのは沙門が須陀洹道を得た場合のことで、四沙門果の第一のことである。

善く三悪道の門を閉ず。法を見、法に入り、法を得て堅牢の法に住して傾動すべからず、究竟して涅槃に至る。見諦所断の法を断ずるがゆえに、心大きに歓喜す。（同前）

と言われているのがそれである。

ちなみに「見諦所断の法」というのは初歓喜地で断ずることができる煩悩のことで、初地に入ることによって可能となる。見道と修道の二道で修行のあり方を見ているのである。続いての歩みが菩薩の行として修されていくのでそれが修道になる。「見諦頓断破竹の如し、修道漸断藕糸の如し」というのは、初学者用の暗記用語としてよく知られている。

つまり『十地経』の初歓喜地の説は浄土経典に属するから「行巻」に引用されているのであって、真の浄土を明らかにするためのものである。勝手なワクをはめて、奇妙な論旨を述べるのは異常な思考による凝結された幻影にすぎない。実際に悩める衆生を助ける手がかりにはならないと思われる。

そこで参考までに山辺習学・赤沼智善の『教行信証講義』の当該箇所を見る。

世間道を転じて出世間道に入るという二句の偈を解すれば、世間道とは、凡夫の行く道である。転というのは、休息《やめ》るということ、即ちこの菩薩は従来《これまで》の凡夫道をやめて出世上道に入ったということを示すのである。（中略）次に出世間道というのは、この初地不退の菩薩の道は、三界の繋縛《けばく》を脱れ出ることが出来るから、出世間道というのである。出世上の「上」とは妙ということ、「入」とは正しく道を修めること、このまさしく道を行ずる心をもって初地に入る。（中略）今《いま》他力門で解すれば、凡夫道というは、（中略）難行道のことである。出世上道というは、他力念仏の一行《ぎょう》を行ずることである。自力難行道を休息《やめ》て、他力易行の道を信ずる心の一念に初地不退の位に入る。これを歓喜地というのである。

（『教行信証講義』二〇〇頁）

と講じられている。

一見してわかるように、「自力の難行道」とは凡夫として流転を重ねているだけのわれわれのことであって、般若経のことではない。どうにも手の打ちようのない凡愚の事実としての三界の迷いの状態である。その難行道を「休息《やめ》」て、他力念仏の易行道を「信ずる心の一念によって初地の不退の位に入る」のであり、その喜びは量りしれないので歓喜地と言われるとある。宗祖の引用文についての詳細な解説である。

以上のようにして転入することになった初地が、菩薩の初歓喜地である。ちなみに、そこでの不退は初地不退と言われる。菩薩としての歩みの最初になる。それは四沙門果で言えば初果の須陀洹果（預流果）に相当するので、その同質の意味として「現生（世）不退」の初地が初果であると述べているのである。

以上の所説から小谷説を見ると種々の疑念が生じてくる。

このように『毘婆沙論』に説かれる「現生不退」も「即得往生」も、般若経の説く空の教説を体得した、高度の修行を達成した菩薩によって、現生で証得される境地として説かれている。

（『真宗の往生論』九九頁）

とある。小谷は「空の教説を体得した、高度の修行を達成した菩薩」が「現生で証得される境地として説かれている」と言うが、この説は誤りである。すでに見てきたように、祖師の引用は「凡夫道は究竟して涅槃に至ることあたわず」と、凡夫のあられもない現実の確認から始まっている。凡夫道はそのままでは究極の涅槃に至りつくことなどない。それを転換して、生死の迷いにすぎない三界を超え出なければ、出世の上道など成立しない。ゆえにここでは高度の修行を達成した菩薩のことについて述べているのではない。凡夫道が転じられて初地に入ることができた境地について、「上」と言われている。「妙なる」意味をもつので、「正しく道を行ずる」ところを「入」と言うのである。その心で初地に入るのが「歓喜地」だと言われている。

また「般若経の説く空の教説を体得した」ところについて確かめると、「般若経の説く空を証悟することによって得られるもの」（同前九八頁）として、『十住毘婆沙論』「助念仏三昧品」第二十五の次の一節が紹介される。

是の菩薩、上勢力を得ば、色身法身を以って深く仏に貪著せず。何を以っての故に。空法を信楽する故に、諸法は虚空の如くなることを知る。

（『国訳一切経』釈経論部七、二四一〜二四二頁）

要を言えば初地の菩薩は空法を信ずることによって、諸法は「虚空の如し」と知ることができるとある。真の浄土への願生心が必定の位において確かめられるからである。この空法は般若経の説く教説であるが、凡夫道が転じられて初地に入ることができた境地でもある。浄土教と般若経は同一の根幹において成り立っていることがわかる。両者を別なものとしてしまうのは現象面だけを見ているためである。その対立するところは対立として、異なりを認めながら、その違いを深いところで支えている力がはたらいている。その場所は枝や葉に対する「幹」のところである。また地上に現れている面に対しては、地中に隠れている「根」のはたらきである。そのように見れば、「一」となって分けることはできないので「異にして分つべからず、一にして同じかるべからず」となる。ゆえに般若経典と浄土経典は別異としか解さない主張には賛同することはできない。

以上の立場から再度確認すると、次の論旨にも疑念を感ずる。

大乗の本流である『般若経』に説かれる思想は、大多数の人間にとって実行不可能な難行道です。

（『誤解された親鸞の往生論』三六頁）

『十住毘婆沙論』の言う難行道についてはすでに述べたように、凡夫の自力の行のことであった。そこで確かめなくてはならないのは「大多数の人間」とは誰のことなのか、そのことを論じているわれわれ一人ひとりの外に「大多数の人間」を考えて言っているのか、自らを俎上にのせて問うているのかどうかということである。そこをはっきりさせずに「大多数の人間」と言うことは、自分に都合のよい妄想を生み出し、論点を曖昧にしただけになるように思われる。

次に、唯識について確かめる。『真宗の往生論』二六二頁に示される、唯識を「影像として現れている対象と見る立場」という小谷説には同意できない。世親の唯識はそうではない。万法がそのような対象としてしか見えないというのは、唯識の「全体」でないからである。『成唯識論』では「影像門の唯識」と言われている唯識の一部である。唯識観では対象を見る場合は、必ず見ている識が自覚されている。それが識を四分に見る方法である。ゆえに対象は「相分」のみで、「見・証・証自証」の三分は識のはたらきである。

しかも対象として見えているものが、見ている自分の外にしか受け止められなくなると、すべては他人事になって切実な生の感覚は消失してしまう。「他人の不幸は蜜の味」と言われる所以である。無意識にそのように見てしまう恐ろしい自分が自覚されないかぎり、人間は「相分」としては人間の形はとっていても、その内実を構成している「業」の面から見ると冷血漢と言われる状態に陥る。われわれの周りで起きているさまざまな事象は、その具体的なあり方を如実に示している。

要を言えば、小谷の言う世親の唯識は大乗に回心する前の、有部のアビダルマの視点であって、一切法を「有」という実体のあるものと解する立場である。それが「三世実有・法体恒有」という説である。『倶舎論』を依り処とするところに立っての考察であろう。そこでは、すべてのものが「自体」をもっていて、その微細な極微は「法」として恒に在るという。その変わらない恒に有る体が、時の流れとして過去・現在・未来と流れていくにすぎないという。たとえば映画のように、一コマ一コマが流れていくのでわれわれには動きに見えるが、ものが連続して流れているわけではない。ただ、一コマ一コマに当たる極微の体の不変性は恒有である。それと同じである。その点を『大経』で確かめると、前述の「東方偈」の「覚了一切法　猶如夢幻響」に通底する。夢や幻は、はかない幻想に譬えられて依り処にならないものを現している。それと同じものが「響」なので、一見頼りにならないものを述べているようにも読める。文字を見るだけではそのようにしか思えないが、その真意は別である。より深く掘り下げると、経文の意外な箇所に連動していることがわかってくる。

「嘆仏偈」の次の経文である。

正覚の大音、響き十方に流る。戒聞・精進・三昧・智慧、威徳侶なし、殊勝希有なり。深く諦かに善く、諸仏の法海を念じ、深を窮め奥を尽くして、その涯底を究む。（聖典一一頁）

仏を讃嘆する偈文であるから当然とも言えるが、「正覚の大音の響きが十方に流る」と言われている。大いなる音が「響き」として流布するというのは注目すべき論点を含む。すなわち「音響忍」という場合もあるが「音」と「響」は同じではない。同じく聞の対象であるが、音は防音壁によって遮断できるが、響きを遮る「防響壁」は存在しないと言われている。たとえば太鼓の音などの場合には、その響きは囲りの空気を震動させて発するので、遮ろうとする壁を動かすはたらきがあるために、響きを遮ることはできないと言うのである。

したがって、ここでの響きもその流れは「殊勝にして希有」と言われていて、音のみの領域とは異なることを示している。ゆえに「深く諦かに善く」とあり、「浅く冥として悪く」ではない。「諸仏の法海を念ずる」とあるが、念仏の念や憶念の念とも関係し、称名憶念とも連なっている。「深を窮め奥を尽くして、その涯底を究む」という経言もその意味の深さには量りしれないところのあることを示唆しているのであろう。問題は、その「響き」を「きく」ことができるかどうかである。

第一節　「無生法忍」の無生

小谷は鸞師（＝曇鸞）の言う「無生法忍」の生と「無生の生」の往生については、後に誤解が生み出されると言う。その例として曽我説が挙げられる。

無生法忍をさとると（中略）は、すなわち往生の智慧でありましょう。（『往生と成仏』五二頁）

等である。この文を引用して次のように言う。

曇鸞は、『浄土論註』のどこにも、無生法忍をさとり、無生の生をさとって浄土に往生するとするのが、浄土教に説く往生の意味であるなどとは述べていない。（『親鸞の還相回向論』六七頁）

である。一見それらしく論旨をすすめているようであるが、至るところに画竜点睛を欠くたぐいの破綻が見られる。すなわち、無生の生の「無生」は無生法忍の「無生」であって、この無生法忍については、序め法蔵菩薩、世自在王仏の所に於て、無生法忍を悟れり。爾の時の位を聖種性と名づく。是の性の中に於て、四十八の大願を発して、此の土を修起せり。即ち安楽浄土と曰う。是れ彼の因の所得なり。果の中に因を説く故に、名づけて性と為す。(中略)正道大慈悲出世善根生とは、平等の大道なり。平等の道なればなり。名づけて正道と為る所以は、平等は是れ諸法の体相なり。諸法平等なるをもっての故に発心等し。発心等しきが故に道等し。道等しきが故に大慈悲等し。大慈悲は是れ仏道の正因なるが故に。

(『解読浄土論註』巻上、三八〜三九頁)

とあり、その註九では次のように説明している。

無生法忍　具さには無生滅法忍。無生滅法とは不生不滅の法、忍とは忍知の意。諸法が不生不滅であるという理を観じてこれを諦認し、不退転地に住すること。故に、これは智慧を以て真如の理をさとった初地以上の菩薩の位をさす。真宗では無生法忍を六字の名号と考え、この法を信ずることによって現生に得る利益を無生法忍という。つまり信心を得て、生とか滅とかを超越した浄土への往生を決定したことをいう。

(同前四二頁)

ちなみに、早島鏡正・大谷光真の『浄土論註』でも、聖種性の「性」については『解読』と同じ解説をし、[訳]を加えている。

あらゆる事象が平等を本体としているから、法蔵菩薩の発願心も平等である。発願心が平等であるから、求めるさとり(道は菩提の訳語)も平等である。さとりが平等であるから、菩薩の行ずる大慈悲も平等である。大慈悲こそほとけのさとりを得る正因である。それ故に「正道の大慈悲」というのである。（『浄土論註』「仏典講座」二三、一〇六頁）

浄土が大悲を根本としているというのも、法蔵菩薩の発願、修行、得果という自利行が利他行たる衆生の往生成仏をそのうちに含んでいるからである。浄土は法蔵菩薩の四十八願を挙げて、かれの願心荘厳のものであるとともに、さとりの世界、つまり涅槃界である。のちに、親鸞が浄土を真実・清浄を本性とする涅槃界であるとしているのも、さきの清浄功徳とこの性功徳の文とによるからであろう。（同前一〇七頁）

以上のような論評があるのに、どうして『論註』のどこにも無生法忍のさとりは説かれていないとの判断がもたらされたのであろうか。不可思議と言うしかない小谷の解釈法の典型的な事例になるのか。あるいは、小乗アビダルマの法体恒有説に依っているために、無生法忍の深い意味を察知できなかったのであろうか。いずれにしても浅い見方に陥ってしまっていることになろう。もしそうなら、生気溢れる至徳の尊号の生命力も殺されてしまうように思われる。

第二節　「入第一義諦」の無生の生

以上のような視点を完全に欠落させて、第一義諦と世俗諦の関係での「無生の生」についても、ただ死後往生説に「牽強付会」するためだけに筆を費やしているのがここでの小谷説のように思われる。一般的な常識で浄土を捉えるのは、流転の迷路をさまよいつつあるわれわれ凡愚の常ではある。だが、その迷闇の中で往生を考えているのであれば、虚妄の幻想の浄土になってしまうのではないか。

しかも「無生」として否定されている生であることには全く気づいていない。その自らの心の内面に潜んでいる恐るべき錯覚に対する自覚自証がはたらいてこないように思える。一般論としての世俗の立場に取り込まれて、その中をさまよっているかぎり、すべて冥闇である。そのことに気づくためには光に出遇うしかない。闇はそれ自身で自らを知ることはできないからである。ゆえにその自覚に立つこともなしに、どれだけ先学の講録を説明したところで、それらはすべて空しい虚言になってしまうであろう。

曇鸞が勝義諦と世俗諦のどちらのレベルでそういったかを考慮しないでなされた誤解に過ぎない。

（『親鸞の還相回向論』七二頁）

というのは、その典型的な事例を示している。「無生」として否定されている生の立場で、真・俗二諦のどちらのレベルでの考慮と言っても、何の意味もない虚説だからである。

自らの立っているところが否定されているのに、そのことに気づいていないその愚かさが露呈されている。いわば常識的なものの見方のところでしか生きていけないわれわれ凡愚の、理知の立場の限界である。世俗諦でさえ理解しがたい凡愚にどうして第一義諦がわかるであろうか。理解できたと思ってみても、それは迷いの心で理解した、自分に都合のよい成果でしかない。第一義諦の文字を通して喚びかけている深い意味のところにまで到りとどいているのでなければ、「善悪の字しりがおはおおそらごとのかたちなり」（聖典五一一頁）である。

たとえば第一義諦で言えば、勝義諦は真如のことであり、一如とも言われている。『論註』では法性とある「法性法身」である。この「法身」についての祖師の釈は、

法身は、いろもなし、かたちもましまさず。しかれば、こころもおよばれず。ことばもたえたり。

（『唯信鈔文意』、聖典五五四頁）

であった。

それが第一義諦ということになれば、もはや「二諦のどちらのレベル」という問題ではない。手に負えない難知難見にぶつかって、まさに「言葉を失う」のである。

私がここで言おうとしているのは、自分の限界を思い知らされているということである。「真実そのもの」と正面から向き合って、その語の示している内容を少しでも察知するために、その手がかりをどのようにすれば見つけられるのか。それは多少とも「ものを考える人間」にとっての問いになるであろう。その場合に必要になるのは短絡的に対象を見るのではなく、深く隠れている背景を感知する力に出遇えるかどうかということである。

その点で言えば、小谷説の提示してくれている論点は、私自身の内面にある闇と深く繋がっていることは確認できた。他人事ではないとの思いに切なるものがある。ゆえにこの問題は単なる特定の個人のことなどではない。万人の体質に関わっている計り知れない自己中心性の問題になる。「自分さえよければ、他人はどうなってもかまわない」という自我関心としての自己主張をどうしてもなさざるをえないとすれば、それは恐ろしいまでに底知れぬ自分の内面にうごめいている無意識の冥闇と思われる。その正体を見破ることは不可能なのであろうか。どのような手がかりが得られればその克服となるのか。解放された自由で意欲的な生き方が確立できるか。それが喫緊の課題になっていることである。

そこで最後に私に確認できたのは、この難問を超えられる手がかりは、どうにも手の打ちようのない絶体絶命のところに「突破口」があることであった。行き詰まりの負の状態はそこだけに固定しているのではない。そこを踏み板として、前向きの生き方を可能とする道も開かれるということである。前著で述べた、計り知れない奥深さを持つ貴重な体験を賜ったことへの謝念には、語り尽くせないものがある。

以上の意味で「如来清浄本願の無生の生」を見ると、それは解釈分の第一義諦相で解明されている。このことは勝義諦の問題であることを示している。したがって、龍樹の空思想の真髄を羅什や流支の名訳によって身につけていた鸞師（＝曇鸞）の立場で言えば、「真仏土」の問題になるのである。つまり阿弥陀仏も「自然虚無の身、無極の体」の「不可思議光如来」であり、浄土も「無量光明土」である。その浄土は真の光明土なので、体は「ひかり」である。また如来は当然法性法身であり、その体も「光」そのものである。「一如法界真身顕」(『文類聚鈔』、聖典四一一頁)や「即証真如法性身」(「正信偈」、聖典二〇六頁)と言われている。

その光明土に生まれることのもつ真の意味は、われわれの願生する心を手がかりとして成り立つ。本願力との出遇いによって、自らの生を現に生きている生き方において感知される場合である。ゆえにそこでの往生が「無生の生」になるのである。無生として否定される生の確かめと、その否定によって生き生きと蘇ってくる生の顕現が感知されるからである。しかも、そこでの生は本願力の回向による生であるから、他力である。自分でなろうとしてなったものではない。生命力溢れる生として積極的な意欲に満ちた生になるのも自然のことわりとしてのことである。われわれの計らいを越えている。それが光明土に支えられた主体の生である。

したがって、そのような生もしくは往生が、固定的に有ると見てしまうと、その解釈は必ず生の意欲を殺してしまう。つまり、文字づらだけですべてを固定化するので論旨が崩壊し、ただの理屈になってしまうのである。なぜなら、一瞬たりとも停滞することのない無常の流れとしてのみあるのが「ひかりの土」であり、「虚無の身」だからである。ゆえに、たとえ「御本尊」であろうと「御浄土」であろうと、それが観念で捉えられた途端に、その「いのち」は消失する。その否定のうえに現れる浄土および如来自身の生こそが「無生の生」である。それが第一義諦相においての曇鸞の言う「生」である。

ゆえに、この点を正確に理解している宗祖の「無生の生」に対する左訓（＝本書四八頁参照）は、見事な補説になっている。六道・四生の迷いの中を空しく過ぎていくだけのわれわれ凡愚の現実を超え離れることができたと言われている。空しい流転の世界に真実信心の人が生まれることはないとも言われる。輪廻の果てしない連鎖から見事に解脱できたとの確信がはっきり読み取れるところである。真の光明土に触れることによって、何らかの具体的な感触が得られるのである。その感銘を宗祖は「光明は、智慧のかたちなり」（『唯信鈔文意』、聖典五五四頁）と表白しているのである。

曇鸞の言う「如来清浄本願の無生の生」は真の浄土に触れた生のことであった。ゆえにその生は「三有虚妄の生」と言われる凡夫のあり方のことではない。法性の清浄を体としているので、極め尽くしても無生である。輪廻の生は完全に超えられている。死んで生まれ変わる生があると考える凡夫の予想している生は、迷闇の生である。その生まれ変わりを期待する心は「無生」として否定された。そして新たな生が誕生した。その生が真の生であり、無生の生である。

その生は真の生なので尽きることがない。その真の生を認知できないものは「無為無不為の身」、つまり「無為にして為さざることのない身」を理解できない。宗祖の言う「義なきを義とす」（聖典五〇五頁）と同じである。この微妙な転換の道理がわからないために、虚無の断見に沈んで、無生をただの否定としか思えないのである。そのような生を感知する能力のない者は、自らを反省することも、否定的に見直すこともできない。われわれが深い反省を求められるのは、そのことが如来の清浄なる本願に出遇うことによって実現するからである。ただの群生海にすぎない私たち凡愚にも可能となる。それが観仏本願力の「観」を「遇う」と釈する意味である。「仏願の生起・本末を聞きて疑心あることなし」(『教行信証』「信巻」、聖典二四〇頁)の「聞」とも応同している。

いずれにしても「智慧のかたち」として仏智の光明それ自体との出遇いは成立する。その清浄なる本願の叡智が私たちの内因力として悪業煩悩のまっ只中から生起してくるのである。宗祖は「発起」と言われている。華厳の「性起」のことである。その回向を如来より賜るのである。他力の回向との出遇いになる。それが真実信心である。「うたがいなきこころ」と言われている。論理的に説明できるという理知の分別を離れている。その信心が一心であり菩提心である。その信心を得たことが現生正定聚である。

したがって、祖師の言う生は六道輪廻の生を離れてしまったことを示している。つまり、一般論として多数の人が漠然と考えている実在しない浄土のことではないのである。ほんとうに悩み苦しんでいる人々を救うことのできる手がかりの発見である。

第三節　「作願門」所説の「無生」の意味

「作願門」での「無生の生」について、

衆生、無生にして虚空の如しと説くに二種あり。一には、凡夫の謂う所の実の衆生の如し。凡夫の見る所の実の生死の如し。此の所見の事、畢竟じて所有なきこと亀毛の如く、虚空の如し。二には、謂わく諸法は因縁生の故に即ち是れ不生なり。所有なきこと虚空の如し。

（『浄土論註』『仏典講座』二三、八一頁・『親鸞の還相回向論』七三頁に引用）

とあることについて、

第二には、衆生も諸法の一つであり、諸法は因縁生のものであり、仮りの存在であるから、実体として存在するものでなく、生じることのないものである。

（『親鸞の還相回向論』七三頁）

と解するのが小谷説である。だが、これは誤りである。因縁生であることは縁によって仮りに生じているのであるから、第一と同じように実体のないものと見るのは混同である。因と縁の和合の道理によって一時的に生じているだけと見るべきである。たとえ刹那であっても仮としてあるはたらきであって、兎角のように存在しないと見ては誤解になる。

次に即是不生、無所有如虚空とは、（中略）三論空宗の心で因縁生を説くなり。三論空宗のこころでは、因縁生の故に有なれど、其有人の当体即空也と談ず。（中略）然れば実の有ではない。（中略）生ずると云うことはなし。故に即是れ不生にして、所有無きこと虚空の如しと云うなり。（中略）初義計りで後義の因縁生をしるまいならば空に著するなり。空の当体に有のある事を知らず。空有二門並べ具えるでなければ、大乗の実義ではない。

（『教行信証講義』第二、三四三〜三四四頁）

である。畢竟空の立場の強調である。因縁生として仮に有るあり方をより一歩深めて、究極的な空の境地からすべてを見るのである。

通常の「空の論理」で言えば、「空性」・「空用」と言うときの「空」のことである。その立場で空を見た場合の空そのもののことが空性であり、「畢竟空」である。「妙有」に対応して「真空」と言う場合もある。それは空用としての空ずるはたらきでもあるが、空用は因と縁によってある空性の具体化であるとしても、空の自体そのものではないと見る。だからといって空ずるはたらきの外に空そのものがあるわけではない。

その「畢竟空」が自性の完全否定とすると、近代言語哲学から般若空観を見た場合、前著（一五〇〜一五一頁）で紹介した丸山圭三郎の中観説に相当すると思う。

二世紀から三世紀にかけて活躍した大乗仏教学者のナーガールジュナの『中論』に基づいて般若空観を宣揚した〈中観派〉の考え方は、ソシュールやフロイト＝ラカンの思想を先取りしているとさえ思われるほどである。その核となる〈縁起〉説によれば、すべての事象は関係の産物である。ということは、自立的、恒常不変・単一という三つの性質をもった即自的存在である〈自性《じしょう》〉の否定にほかならず、これはそのままソシュールのいう〈実体なき関係の世界〉であろう。そしてその原因を、存在喚起力としての言葉に見るところも共通している。

（『言葉・狂気・エロス』九八頁）

真空は妙有であるところから言えば、空の究極と言っても何もない虚無論ではない。虚無論は断見と言われる誤った空見である。だからといって真空がそれ自体として自性をもってあると見るのでもない。それは実体を予想する常見である。そのいずれでもないので中道であり「中観」なのである。その点が言語哲学の視点に立って懇切に解説されていた。それが丸山説であった。縁起説によって否定された「常・一・主・宰」と言われる自性は、すべては「関係の産物」にすぎないということで、それ自体としてあるものではない。「その原因を、存在喚起力としての言葉に見る」というところは、前著（三七〜四〇頁）で紹介した梶山雄一（『空の思想—仏教における言葉と沈黙—』）の論旨に通じていると言えよう。

次の「願生の生」についての香月院の講説は示唆に富むものであった。

今願生とは後義の因縁生の義なり。凡夫の思う如き実の衆生ありて、十万億の彼方へ草鞋ばきで行くと云うことはなき事なり。天親菩薩の願生は因縁生の生なり。

（『教行信証講義』第二、三四四頁）

と言う。死後の往生を主張することは、ここでの西方十万億土の浄土に生まれようとしている衆生のことになるのではないか。因縁生についての正しい理解を欠いてしまうと、論旨が混乱するのは当然であろう。

ただしこの因縁生の願生の義は、「此問答古来難関とする処なり。先輩も苦労して弁ぜり」（同前）とある。その難解さは定評のあるところとされ、「私共も（中略）大概解し得たように存じたが、丁度木の葉の落る如く、掃除しても後から後から落ちて来てすまぬ処あり」（同前三四四〜三四五頁）と言う。「言い得て妙」な感慨であると思われた。

そこで「天親菩薩の願生」について問うと、

これは願生の生の字に就きて問を挙げたものなり。其義は上の答で弁じ終れり。然るに又不審あるが此の問なり。（中略）依何義説往生とは、是は往生の往の義を問いたるものなり。上の問に願生と云うやとあるは、願生の生の字を問う。此に往生と説くやとあるは往の義を問うなり。

（同前三四五頁）

と釈している。願生の方は「生」の意味を問うのであり、往生の方は「往」の意味を問うのであると言う。この発想は思いもかけないものであった。自分の読みの浅さに気づかされる香月院の講説であった。

ところで往生の「生」が「無生」であるところが、願生の「生」に関わることはすでに幾度も考えてきたのであるが、重要な論点の一つと言える「穢土の仮名人と浄土の仮名人」についての香月院の懇切なる講説には驚かされた。以下で確かめるのはその点である。

まず、

六要鈔の御釈、よく論註の意を得て御釈なされてあり。（中略）此一問答は往生の義に就て、不一不異を明したものじゃとあり。（同前）

と言う。『六要鈔』の釈は「よく論註の意を得て」釈されているが、「往生の義」は「不一不異を明した」と述べる。そして、

曇鸞大師はもと三論宗の碩徳ゆえ、三論の八不の法門を以て、釈を成さる処じゃはと一言申してある。（中略）この問答は三論宗の八不の法門の、一問答と云うことさえ気付かば、上の問答も此問答もわけもなく解せらる。（同前、傍線筆者）

と言う。

そして、「穢土の仮名人」と「浄土の仮名人」は「不一不異」の関係であることについて、「他力信心の行者」は「正定聚の位」のことと解すると、「穢土の人ともいわれ、浄土の人ともいわれるということを明す論註の文と解する処」となるのであるが、この文は「他力の行者の正定聚を明す釈にあらず」、またそれを示す「祖師聖人」のお言葉にも「左様の釈はない」、「是は今六要の御指南に、三

論八不の法門に依りて釈をなす処じゃとある。是より外に義はなきなり」（同前三四五〜三四六頁、要旨筆者）と断言する。そして、続いて八不の義について詳説するのである。

要するに、ここでの八不によって否定される対象は、生滅にせよ去来にせよ、それらが「自性をもって有る」とするその実体観を否定するのである。その否定によって生じてくる新たな生が「無生の生」である。つまり、最初の生は固定化された生であるからその面を否定するはたらきが必要なのである。ゆえに、「不」によって否定された後で生じてくる生は、断見の虚無を超えた生として肯定される生である。それが妙有に即する真空である。したがって、三論宗の空であるから虚無の空と見るのは誤りだと言っているのである。「妙有としての真空」が龍樹の空観であるとする香月院の講説は見事という他はない。

なお、ここで補説の必要があると思われるのは、真空は空であることを保持しつつ妙有である点である。『論註』の表現で言えば「虚空」に譬えられるところであって空でありつつある種の「かたち」を取る有である。虚空であるために捉えることは不可能なので、それをわれわれの理知で理解することはできない。だが、その虚空を空気のように感知することはできる。ものを全体として包んでいるはたらきとしてである。そこでは「かたち」は否定されているが、その否定されたはたらきは察知することができると言うのである。しかもその「かたち」も二重性をもって重要な意味を発揮することは別講（「祖徳讃嘆」『真宗』二〇一九年二月号・本書一五九参照）ですでに述べた。

ただし、この微妙な「かたち」のあり方は古来難解なところとして注意されてきた。ゆえに簡単に説明できるようなことではない。しかし龍樹の確立した中観としての空に対する理解は、ここでの解釈で証明されているとも言える。真宗の教学のうえで龍樹が七祖の第一位に認められているのは、その点が認知されているからである。ただし注意を要するのは、誰にでも了解されているとは言えない現実があることも事実である。理知の迷闇はどこまでも深い。いずれにしても、龍樹の空観についての香月院の説からは多くのことを学ぶことができた。このことは強調しておきたい。

そこで改めて「穢土の仮名人と浄土の仮名人」のところに戻ると、浄土への往生について、

論主の往生と云うたは、実にゆくではなく不往の往なり。（中略）穢土の仮名人と浄土の仮名人と、不一不異の義で答えてあり。問は不来不去の問なり。答は不一不異なり。（中略）三論の八不の法門を以て、浄土の往生を建立するなり。曇鸞は漢土に於て初めて浄土の一門を建立なさるに就ての要論なり。この二問答で聖道門の人師は、一言も口こたえはならぬ。（同前三四七頁）

と言われている。

ここで気づかされたのは『浄土論』で言う往生は実に往くことではないとあるところであった。その点は印象的であった。「不往の往」ということで「往く」ことを否定された「往」だからであるが、実際に行くのではないと言いながら、その「往」の否定を通した肯定に解する点である。その意味が直ちにわかるとも言えないところが微妙なのである。

『論註』の全体を通して強調されているのは「不行の行」であり、「無生の生」でもある。つまり、否定されることによって活性化する往生である。そこでの仮名人について言えば、問いは不来不去であるのに、答えは不一不異とある。この点は興味深かった。論難する者に対して、その難ずる論法を逆手にとって浄土への往生の深い意味を示しているからだと述べている。その場合、一とも言えず異とも言えない関係が重要な手がかりになるというのは達見であると思われた。

そのようなあり方をしているのが仮名人である。その浄穢について、前と後の関係で考えると、「前念命終、後念即生」になる。終わったところと生ずるところは、唯識の種子の六義で言えば、刹那滅の関係になるからである。それが現に生きていることを証ししている現行一刹那の事実である。

また、香月院は仮名人について、

仮名人とは衆生のこと。実に人と云うものはなきものなり。四大五蘊のかりに聚るを人と名るなり。（同前三四八頁）

と言う。「人」は実体として固定的にあるものではないとの理解である。ゆえに、「此間仮名人とは、娑婆の人と云うことなり」で、われわれ衆生のことになる。

その娑婆の念仏の行者が、

念念相続して、五念門の行を修するとき（中略）後念は前念の為の果、前念は後念の因なり。一切法刹那生滅にして生じたり滅したり。（中略）前念後念と相続す。これは因果因果と相続する

なり。それを今前念は後念の為の因となると云う。穢土仮名人浄土仮名人とは、ここが此一段の正所明なり。（同前）

と言う。

そして穢土の仮名人であった娑婆の衆生に対して、「浄土仮名人とは浄土の菩薩のこと」（同前）と言う。菩薩のことなら仮名人などとは言えないのではないかと問いつつ、

浄土の菩薩がやはり五蘊仮和合で別体なし。（中略）仏も五蘊仮和合なり。蘊の体には浄穢の二品あれども、仮和合の処は同じ事なり。それゆえ今浄土の菩薩を仮和合と云う筈なり。（同前）

と結論する。この見解は非常に重要だと思われた。単に衆生ばかりでなく、仏も菩薩も仮名であるというのは、因果相続についての急所になっている。正しく解明されなければならない要衝となるのは当然である。

次に、

今命終るは穢土の仮名人で因なり。七宝の蓮華に生れ出づるは浄土の仮名人で果なり。（中略）その因と果と決定して一でもなく、決定して異でもないと云うことなり。これは八不の中の不一不異なり。まず穢土の仮名人と浄土の仮名人とは、一つに非ず別なり。（中略）因人果人別なり。一なる事を得ず。又その穢土の仮名人と浄土の仮名人とは、別なものに非ず一つなり。そのゆえは、一人の上で前念後念相続するなり。（中略）それが間違えば信も不信も同じ事になる。（中略）

一人の上で前念後念相続するゆえに別でない。此れが三論宗の不一不異のすがたなり。
（同前三四八～三四九頁）

と言われている。

この論旨はかなり難解である。以下に愚案を示して、私に理解できたところを述べる。まず、「命終るは穢土の仮名人で因」と言うのは、「命終りて浄土に往生するときのことなり」と直前（同前三四八頁）で言われている、この世の命の終わる状態の衆生ということである。その瞬間というところで言えば、命終わるところは穢土で因である。次の瞬間は浄土で果となる。この世に生きている間も「前念は因となり後念は果」となって、「因果因果と相続し」ていたのであるが、「今命終りて浄土に生ずるも同じ事なり」（同前）と言う。生きている間と同じ関係であると言うのである。

続いて、因と果との関係は一であると決めることはできないし、異であると定めることもできないと言う。これは『中論』の八不の「不一不異」のことである。

その視点で穢土と浄土の仮名人の関係を見ると、一とも異とも決めることはできない。まず、一ではなく別であると言うのは、穢土の仮名人は因であり、浄土の仮名人は果であるから、因の状態の人と果のそれとは別である。ゆえに「一なる事を得ず」となる。

それでは両者は別なのかとなると、そうとは言えない。一人の人間のうえで成り立っていることなので別ではないと言うのである。その関係を間違って理解すると、「信と不信も同じ事になる」（同前三四九頁）と言う。それは「親の信では子は参られぬ。子の信では親は往生できぬ」（同前）からだと言う。つまり、「一人一人のしのぎ」（『蓮如上人御一代記聞書』、聖典八八五頁）と言われるところである。親子でも兄弟でも、どんなに代わりたくても代わることはできない。『大経』の主題の一つとも言える「汝自当知」（聖典一三頁）や、「身自当之、無有代者（身、自らこれを当《う》くるに、有《たれ》も代わる者なし）」（同前六〇頁）である。

いずれにしてもどちらかに決定できないというところが、最大の難関になっている。この事実はやむを得ないこととも言えよう。真にあるのは無常の流れであり、無我の我である。そこで御自分を「親鸞一人がためなりけり」（『歎異抄』、同前六四〇頁）と自覚された祖師の真宗に想いをはせるならば、どちらでもない一人のところで生きる我を自覚するしかなくなろう。しかるにわれわれは自力の我執の我に依って都合のいい方に決めてしまう。現に生きている「いのち」そのものを殺してしまうのである。この方法は浄土を名のりつつ、外道に堕している凡夫の現実である。法然、親鸞以前の、古い体質の浄土教になってしまっていると思われる。

今も然なり。浄土に往生する時、前念は穢らわしき仮名人、後念は光り輝やく三十二相の仮名人、因果薩張り別ならば一なる事を得ず。（中略）前心後心亦如是とは、上に述ぶる五念門の前後相続するも、前念が因となり後念が果となる。その処に前念後念因果となる事を明して、不一不異は明さざれども、前念後念につきて不一不異の義あることも、これと同じことなりと云うことなり。

（『教行信証講義』第二、三四九～三五〇頁）

と言う。

浄土への往生について、前念・後念と因果相続の関係が全く別であるならば、関係を保つことなどありえないことであろう。ゆえに五念門の因果相続がここでの前心・後心のあり方と同じであると言うのである。前念・後念のところを前心・後心の関係として見ることもできるので、意識なり唯心という、心識のあり方にもなる。両者は同一である。

ところが、

往生と云うは実の往生ではない。（中略）不往の往なり。そこで問いは不来不去なり。答は不一不異なり。（中略）これを浄土論の他力を解せんが為めに、八不の中の一異を観ずる義門を出すなり。これは向の敵者である、三論の法門を以て、この方の宗を建立するなり。（中略）世尊我一心（中略）の一行は、論主の安心を述べたるものなり。そこで吾祖偈を引くには、安心の当り前で引き、今論註の釈は然らず。一心の安心に約することは知れたことゆえ、夫れは傍にして、世尊我一心等を三念門に約するなり。我一心迄を五念門に入れるは、只修する五念門ではない。一心より顕わるると云う事を顕さん為めに、我一心迄を入れるなり。

（同前三五一頁）

と言う。

ここまでくると香月院も佳境に入るのであろう。往生といっても「実の往生ではない」とまで言う。

実体がないことになるので、自性は否定される。ゆえにその往生ならば、「不往の往なり」となる。そこでの問いは不来不去であり、答えは不一不異である。この点はすでに確認した。ただしこの問答は『浄土論』の他力を解明するためなので、先の論難者の手法を用いて浄土門の趣旨を明らかにしようとするのである。最初の「世尊我一心」は世親の安心を述べたものであるが、祖師がその偈頌を引く時は、当然の安心として見ている。それに対して『論註』の釈は、一心の安心のところは傍にして、この偈を礼拝・讃嘆・作願という三念門の視点で論じている。つまり観察門において言及される「第一義諦」のところで釈しているということである。したがって、五念門に入れるのは「只修する五念門ではない」と言う。この点は非常に大事だと思われた。なぜならば、「一心より顕われる」というところを明らかにするためだからである。深いところから噴出してくる力のことが重要なのである。華厳では性起と言う。宗祖の言葉では「発起」である。「信楽を獲得することは、如来選択の願心より発起す」（聖典二一〇頁）の発起である。

次に浄土への往生が因果関係と相続として説かれる点について、

往生が「無生」と説かれることが、「生まれ変わること」自体を否定する語でないことは明らかである。「無生」は、実体としての衆生の生まれでないこと、つまり往生が「我（ātman）なる存在としての衆生の生まれでないこと」を示す用語であり、「生まれ変わりが無いこと」を示す用語ではない。

（『親鸞の還相回向論』七七頁）

と言う。これも誤りである。「無生」の否定している生は、死んで生まれ変わるという輪廻の迷い全体を否定しているのである。したがって、我がないことは勿論として、生死のすべてを超え離れることを示しているのである。ゆえに、香厳院と理網院の注釈について、

「往生」の語が輪廻転生の「生まれ」を意味する語として用いられていること、そして、曇鸞が往生を「無生の生」というとき、それは往生を「生まれ変わりを離れた生」を意味するわけではない

（同前七八頁）

と解していることも完全な誤りである。

「無生の生」に対する祖師の左訓では「六道の輪廻」はすべて超えられている。

ろくたうのしやうをはなれたるしやうなり　ろくたうししやうにむまるゝことしんしちしんじむのひとはなきゆへにむしやうといふ

（『親鸞聖人全集』和讃篇、九九頁）

とある。真実信心の人は六道・四生に生まれることはない。そのことを「無生」と言うのであり、六道の生を離れた生になると明言されている。ゆえに『顕深義記』の言うところとして、

それは「後世」つまり生まれ変わりを否定するために説かれているわけではない

（『親鸞の還相回向論』七九頁）

と解釈したのも正しくない。この後世は「無生」として完全に否定された後で、迷いの輪廻から解脱した「さとり」の光に支えられている生のことである。ゆるぎない支えに出遇った処で成立した新た

な生のことである。そこでは大転換が起こって輪廻は超えられている。その意味を理解することなしに、輪廻が真宗でも認められているなどと主張するのは、ただの錯覚にすぎない。したがって、

ここには「往生」が、浄土への往生だけでなく、輪廻転生の穢土への「生まれ変わり」をも意味する語として用いられることが明示されている。（同前）

と言うのも、呆れ果てるしかない暴論である。つまり、浄土への往生と言っても、それが輪廻の状態に変わりないのであるなら、迷いの闇はそのまま続いている。そのような生死の大海に沈んでいるものが、どうして輪廻の穢土に生まれ変わって、迷っている人を助けることができるであろうか。

『十住毘婆沙論』にあるように、水に溺れている人を見て助けようとして、泳ぐことのできない者が水に飛び込むのと同じである。共に溺れてしまうのが関の山ではないか。それと同様に、浄土に生まれた人が仮名人として輪廻のままであるなら、穢土に還って来ても人を助けることなどできるはずがない。「悪を転じて徳を成す正智」（聖典一四九頁）、「つみを、けしうしなわずして、善になすなり」（同前一〇七一頁）の事実に立たないかぎり、どれだけ作り話を重ね、いくら愚論を述べても真の往生にはならないであろう。したがって、穢土と浄土の「相続」と言っても、小谷の言う程度の短絡的に考えられている相続のことではない。「智眼」とか「慧眼」という、われわれの心の内面にまではたらく光との出遇いが求められているのである。「観仏本願力」の値遇によって信ずることのできた真実の信心が、実際に確かめられるという具体的な事実がなければ何の意味もない戯言になってしまう

であろう。

第四節　化生の「生」についての疑義

「往生」という語は、浄土への「生まれ」のみを意味し、輪廻の境涯への「生まれ」は意味しないかのように誤解されてきた

（『親鸞の還相回向論』八二頁）

等の点については、前述の「作願門」所説の「無生」の項などで、私の見解を述べた。ゆえにこの節では「化生」について考える。四生の一つである「化生」である。

穢土に死んで如来の本願力によって正覚の華から浄土に生まれることが示されており、死んで生まれ変わることを意味する語として用いられる（中略）「生まれることの無い生まれ」という特殊な事態として考えられていないことは明らかである。

（同前八四頁）

四有の区別に関する知識が不足していたと考えられる。そのため曇鸞は、『浄土論註』において、「生」の語を「生まれること（生有）」と「生きること（本有）」との二つの意味に区別を設けずに用いたものと考えられる。その結果、「無生の生」が「生まれ変わること（生有）が無い」つまり「実体としての衆生の生まれ変わりが無い」を意味するのか、それとも「生きること（本

有）が無い」、つまり「実体としての衆生の生存が無い」、あるいはさらに広く、衆生の生存の無のみならず「あらゆる現象の生起が無い」を意味するのかが区別されずに用いられることとなって、後世に混乱をまねいたのである。

（同前八五頁）

と言う。このような化生の見方に対して、全く異質と言える講録が目に留まった。香樹院徳龍の言うところである。

仏智不思議を信ずれば　　正定聚にこそ住しけれ
化生のひとは智慧すぐれ　　無上覚をぞさとりける

（『正像末和讃』、聖典五〇四頁）

『正像末和讃』のこの句について、徳龍は次のように講じている。

時に迷いの四生にも化生あれども、今こゝに化生とあるは、迷いの生死の化生に永く異なりて、迷い離れし界外無漏の化生なり。是れによて天親菩薩は、如来浄華衆、正覚華化生との玉う。何故に正覚の華より化生するぞといえば、弥陀同体の証りを開かしむる、報土の往生なるが故に、正覚の華より化生すと云う。正覚の華より化生するが故に、此の娑婆に居る中より、如来浄華の聖衆となる。

（香樹院徳龍『真宗全書』註疏部巻四三、三八頁〈一〇七〉）

六道・四生を離れた生が「無生」であるというのが、前節で述べた宗祖の左訓であった。「真実信心のひとは六道・四生に生まれることはないから無生という」、とまで言われていた。それゆえ、迷いの四生にも化生はあるが、その生死の化生とは全く異なって、三界・四生の外である迷いを離れたところの無漏の化生がこの和讃の「化生の人」であると言われているのである。したがって『浄土論』の「正覚華化生」の「化生」は弥陀如来と同体の証りを開かしむる、報土の往生になる。「正覚の華より化生す」と言うのはその意味である。しかもこの化生は、穢土である娑婆に居る中から如来浄華の聖衆である。輪廻転生の迷いの状態は完全に超克されている。

続いての「化生のひとは智慧すぐれ」については、『大経』巻下の経文が背景になっていることを指摘している。ただ漠然と「智慧」と言っているのではないというのである。

仏智・不思議智・不可称智・等の五智に於て疑いなき明信仏智のものは、無量寿国に生ずることを得て、七宝の華の中に於て、自然に化生する。

（同前三八〜三九頁〈一〇七〜一〇八〉）

ここに当たる経文が、

かの菩薩等、命終して無量寿国の七宝華の中に生まるることを得て自然に化生せん。弥勒、当に知るべし。かの化生の者は智慧勝れたるがゆえに、その胎生の者はみな智慧なし。

（『大経』巻下、聖典八二頁）

である。その智慧の勝れている理由については、次のように講じられている。

阿弥陀如来の御智慧の、五智をもて讃嘆し玉う。其の五智と云うは、たゞ弥陀一仏の智慧にてはおわしまさぬ。一切諸仏平等の御智慧、その平等の御智慧の中に於て、無上法王の阿弥陀如来の正覚にておわしませば、一切諸仏の智慧の主が阿弥陀如来。その阿弥陀如来の御智慧を、能くよく聞て信ずる処の身なれば、如来の五智、即ち行者の信心となる。（中略）信心回向すれば、此の諸の衆生、七宝の華の中に、自然に化生して、須臾の間に、身相光明智慧功徳、先に生れ玉う諸の菩薩の如くに、具足成就すべしと説き玉い、（『真宗全書』註疏部巻四三、三九頁〈一〇八〉）

爾れば胎生化生の二つ分るれば、自ら浄土の真化はわけが分れ、希有難信の信心を、聞其名号の一念に得たてまつりし行者ならば、乃至一念即得往生、往生即ち蓮華化生なり。其の疑う処の行者、仏力をもて諸善万行を修して、夫れを浄土へ回向する。（中略）先ず真化の二つは経文明なりと知るべし。此の智慧勝れると仰せらるゝが、直に如来の五智を信ずる故なり。五智を信じて見れば、能信所信元一体、所信の徳が能信の徳となりて、機の善悪をえらばず、一文不知の尼入道に至るまで、決定往生の信を得て、やがて無上涅槃の証りを開くべしと喜ばるゝ身となることは、実に十方三世の諸仏にたぐいなし。されば此の法蔵比丘、自ら我建超世願、必至無上道と述べ玉う。爾れば化生の人の智慧、如来の五智を信じて、決定報土の往生を遂ぐる処の味は、聖道の人師が、いかに功徳を積んで浄土の往生を願う人も、自力の心を捨てぬものならば、一味平等の真実報土の証りは得られぬことなり。（同前四〇頁〈一〇九〉）

胎生・化生の四有の化生は、仮の化生であり、一念の希有難信の名号を信じて疑うところのない行者が真の化生である。真と化はまさに真仏土で宗祖によって分判されている。

「化生のひとは智慧すぐれ」の化生の人は、七宝の華の中に自然に化生する人であって、正覚の華より化生する人である。その化生は、胎生・化生という四生の輪廻の世界の凡夫とは別である。「此の土に死んで、彼土に生れる」輪廻の状態で還相回向がなされると自説を強弁するのが、小谷のこの項の主題であるが、それでは輪廻の空転が超離されていないから、そのままの底下の凡愚に変わりはない。小谷の立場ではその凡愚を阿弥陀如来は救うのだそうだが、その発想は道理として認められないことだと思う。そのように如来の救済を無条件の名のもとで強調する人は居たようであるが、それは「外道の相善は菩薩の法を乱る」（聖典一六七頁）で、内観による諦理の発見から始まる仏教のことではない。あくまでも内証された、自らの内面をも貫く法則・道理は曲げられるものではない。自己の事実を自覚し自証した証悟が「さとり」の意味であろう。

化生の人について智慧が勝れているのは、『大経』にあることも含めて、如来の五智という歴然とした智覚力のことを言っているのである。その如来の五智を信ずることのできた衆生が、ここでの化生の人であり、その「信」については「機の善悪をえらばず」と香樹院は述べている。それに対して「迷いの四生にも化生がある」と言われている。その化生が六趣・四生の内を流転している化生である。

故に凡夫自性の心のまゝを改めず、界外無漏の宝国に往生せしめたまう。これ因なくして果に至るべき道理なし。其の因はと云えば、煩悩悪業の自性の凡夫、何故に界外無漏の宝国に往生せしめたまうと云うに、これ仏智の回向なり。願力の回向なり。回向と云うは、自力の回向に種々の分れあれども、他力の回向と云うは、仏智より与えたまう願力不思議の回向、この回向を往相還相とのたまうにて、自力でさとり顕わすこゝろ離れた往相還相。凡夫自性のまゝながらに、仏智の不思議を信ずるばかりにて、無漏の宝国に往生する。さればこそ、こゝを如来浄華の聖衆は、正覚の華より化生してとのたまう。

（『真宗全書』註疏部巻四三、三五頁〈一〇四〉）

爾れば浄土へ往生遂ぐるが、即ち弥陀の回向なり。弥陀の御はからいなる故に、凡夫自力の心の、つゆばかりもまじわらざる故に、これを他力とのたまう。是れに依りて凡夫自性の心をもて、信心を凝らし、往生を願う者も、弥陀の願力を増上縁とせざるはなし。爾れども自力の心をたのむ所の他力なり。祖師聖人の御伝えあらせらるゝは、願力回向の大信心故に、此の信心即ち如来の心。（中略）これ教行信証は他力の因果、みな如来の清浄願心より回向したまう故に、因浄なるが故に果も亦浄なり。

（同前三五〜三六頁〈一〇四〜一〇五〉）

因果と云うは、迷いにも悟るにも、三界六道一切万法、みな因果をもて感ぜずと云うことなし。況んやかゝる凡夫が、浄土へ往生するに、実の仏心の因を賜わらずんば、何をもてか仏果の証りを得ん。其の上に尚又、自利成就の行信証の上に、利他の還相まで誓わせられたは、阿弥陀如来の二十二の願、これに依りて浄土へ往生遂ぐれば、依報正報一事として、みな法蔵比丘の願力ならざるはなし。

（同前三六頁〈一〇五〉）

ちなみに、輪廻転生についての香樹院の説は以下の如くである。

流転輪廻もきわもなし、苦海の沈淪いかがせん。流転と云うは、生死々々とうつりゆきて、水の流れのたゆみなきが如くなるが流転なり。輪廻と云うは、こゝに死んではかしこに生れ、彼こに死んではこゝに生れ、車の輪のめぐりめぐりて、果てしなきが如くなるを輪廻と云うと釈し玉う。夫れ故にルテンシヤウジ、リンエシヤウジと御左訓を付け玉う。実に思いまわせば恐ろしや。一度び命失えば万劫にもかえらず。此のとき証らずんば、仏衆生を云何がしたまわんと。

（同前三七頁〈一〇六〉）

「願力回向の大信心」が『十地経論』の言う「一心」であり、アリヤ識である。『浄土論』の一心帰命の一心である。無生として否定された輪廻の生を転換して、新しい生が再生される。それが万法唯識の識である。有根身のアラヤ識なのでその有は認められている。アリヤ識とアラヤ識は同じものである。この問題については章を改めて論ずる予定である。

第一章 「機の深信」は二種深信の眼目

二種深信の開顕に於ては機の深信が眼目である。

(『歎異抄聴記』二三頁、東本願寺出版部・『曽我量深選集』巻六、四〇頁)

曽我の言う「法蔵菩薩出現」(『地上の救主』)の示している近・現代的意義は、誰しもの予想を超えて、全人類救済の可能性を示唆することになってきた。「如来、我となりて、我を救いたまう」というこのテーマは、よく知られていると同時に、とんでもない誤解の中に放置されていたのであった。前著『往生論の真髄』も、少しでもその誤りを正すことができないかとの意図のもとで書いたのであった。だが、賛否両論の読後感に接して反省しきりの現状である。

特にその感を深くしたのは、「克明に三回読んだ」との畏友からの鋭い問いかけによる触発であった。「宗祖のいう『真宗』の要衝がはっきりと伝わってこない」との指摘は重大であった。また、その問題を突破するための具体的な手がかりを挙げてくれていたことも参考になった。つまり「真宗」、「親鸞」の名のもとに、全くありえない虚説をもちだして、いかにもそれが「本物」であるかのような主張もありうるからである。実在しない「浄土」や「阿弥陀仏」でも、まことしやかに喧伝すれば、多くの人を迷わすことはできる。その主張がもし本当であるならば、何らかの証拠があるはずであるが、それについては何も示されていない場合が多い。真宗の学びで言えば、『智度論』の説といわれる「兎角・亀毛」のたぐいである。絵に画くことはできるが、実際には存在しないものである。そのような偽物が言葉のうえだけで大手を振ってのさばっていることもある。多くの人達がそれに賛同するというのも現実である。

そこで、「如来、我となる」とはどういうことなのか。改めてその原点を確かめることにして、『地上の救主』を見ると、最初は「如来は我なり」(『曽我量深選集』巻二、四〇八頁)から始まっていることがわかる。この句について、あまりにも概念的で、その内容が理解できないとの忠告を受けて、「如来我となりて我を救い給う」(同前)の句を感得し、発表したと曽我は言う。ところが、それでも納得できないということで、「如来我となるとは法蔵菩薩降誕のことなり」(同前)の一句を感得したと言っている。以上の経過は『暴風駛雨』(『曽我量深選集』巻四)に詳細が記されている。しかもそこでは、「如来我となる」(同前三五〇頁)も、「我は如来に非ず」(同前三四七頁)の語があって、「我が如来である」などと言うのではないと、はっきり断定されている。この点は『地上の救主』に明記されていないので、誤読する人もかなり多い。

しかも、ここでの「法蔵菩薩の降誕」は『成論』(=『成唯識論』)の「有根身」に通じているところである。前著六七頁〜一五六頁、本論「「法蔵菩薩はアラヤ識」説の検証」で克明に考察したつもりであるが、その点が了解できたという人は数えられる程度であった。ほとんどの人はこの問題になった途端に、「何が何だかわからなくなった」という反応である。私の考えが甘かったということである。身に沁みて反省させられている。

その反省を踏まえて曽我の感招を見直すと、「根の有る身」というところが「カナメ」である。われわれの通常の判断力は「日ごろのこころ」と言われる第六意識であることはすでに述べた（『往生論の真髄』七二頁参照）。その意識は、宗祖の表現で言えば猿に譬えられている。「この世の人のこころをさるのこころにたとえたるなり。さるのこころのごとくさだまらずとなり」（『尊号真像銘文』、聖典五二九頁）とある。意識は信用できないと言うのである。それに対して「根」は、意識とその対象である「境」をしっかり支え、繫ぐはたらきである。「六根清浄」と称えて歩くお遍路さんの例でも明らかである。「六識清浄」ではないのである。「根」のゆるぎなさの「有る身」ということで、われわれが自己自身と言う場合の「自身」のことが「有根身」である。曽我の感得したのはそれである。

自分自身の「身」のことであるとすれば、私という場合の私の全体、つまり全身のことである。私の肉体のことになる。曽我が自らの身体をもって生きている事実のまぎれもない証拠を感知したのは、以上の意味での肉体の生理学的、生命科学的事実としての我が身の感識だったのである。

そこで確認されたことは、日常的な脳の判断力による知覚ではなかった。その認知力とは異質の力、つまり「他力」である。日常的な理知は、必ず自己中心的である。自己肯定を無意識のレベルで行ってしまう。他人のことなど、いざとなればどうでもよくなる。ゆえに何を仕出かすか予想もつかない。そのような「私」が、実際に自らの内面の闇の中に存在している。

「自力の計い」についての祖師の言は痛烈である。

自力というは、わがみをたのみ、わがこころをたのむ、わがちからをはげみ、わがさまざまの善根をたのむひとなり。

（『一念多念文意』、聖典五四一頁）

とある。争い事に直面した時の自分である。自己正当化のみの私。相手が百パーセント間違っていて、自分は百パーセント正しく見えてしまう、その現実の自分のことである。日常的な経験のうえでいくらでも確かめられる。このような自分の事実は、見るも無惨な自己ということになる。そのような恐るべき自己を自らの意識の底に抱え込みながら、その事実に全く気づかないことがあるとすれば、どうなるであろうか。百パーセントの自己肯定ということも当然の帰結であろう。しかもそのような自分の闇の心に気づくことはできない。闇の心は無意識だからである。「自力の我執」とも言われるこの深い執着は、とてつもない深みに潜んでいるのである。その自覚が「機の深信」である。

そうなると、無意識である自らの深い闇をどのようにして感知するというのか。覚知するのはあくまでも日常的な現実の認知力である。だとすると、無意識の強烈なはたらきを通常の意識で捉えることなどできるはずのないことでないか。矛盾もいいところの難問である。

「二種深信の眼目は機の深信である」という曽我の示唆は、その一点を示すことによって、難問に立ち向かうわれわれに手がかりを与えるものと思われる。ゆえに、その「カナメ」を見失ったまま、どれだけ法の深信を主張しても、真の意味で「深く信ずる」ことにはならないのである。「二種深信の義」は、因と果の呼応や仏々相念の関係によって自然の道理を示している。ゆえにその法則を無視して、自らの思い込みを絶対として自説を主張するのでは、他者を批判すると言っても、先入観による自己肯定にしかならないと思う。自力の我執が前提となるために、底下の凡愚の自覚と言ってみても、宗祖の言うそれとはズレを生じてしまうのである。二種深信は「先立って法の深信があるからこそ、機の深信が成り立つ」（曽我）のであって、その逆ではない。しかも、法によってこそ機があると自覚・自証されるところでは、その自覚は自己の覚知に先立って、法が自らの畢竟依となっていることに気づくことができる。その点を曽我は、

法の深信がもとで、そこより機の深信を開顕する（中略）一度法より機を開けば、機中に法あり。

（『歎異抄聴記』一三三頁・『曽我量深選集』巻六、四〇頁）

と言う。一如の信心の樹立である。それゆえに、「唯心」という「一如」が発見されれば、それ以上のものを求める必要がなくなると言う。つまり、「ただこのことひとつ」で充分であると言うのである。

かくして「他力の悲願は、かくのごときのわれらがためなりけりとしられて、いよいよたのもしくおぼゆるなり」（『歎異抄』、聖典六二九頁）の一句になる。ここには非常に深い意味がこめられている。

どうしても助かりようのない、見るも無惨な自分の事実を見せつけられるからである。その事実を欠陥品である脳の判断力は認めることはできない。久遠劫来流転し続けてきた、それがわれわれのこれまでの意識の歴史であった。したがって、そこだけを見ているかぎりでは絶望的になるのも当然と言える。だが、その闇の深さを自覚することは、照らし出している光に支えられての闇である。そのことに気づけば絶望から解放される。それが「光明は智慧のかたち」という宗祖の御己証である。仏智のかぎりない光に照らし出されて知られる「かくのごときのわれら」なのであって、照らし出す光の智慧が、ようやくにして救いがたい私に到りとどいたことになる。まさに凡愚を「摂取して捨てず」と誓われた大悲の願心が法として、私の自覚のところで「智慧のかたち」となったのである。ただし、それを固定化して自分の理知のところで摑んでしまうと、元も子もなくなる。「ただそれだけ」の自然法爾の事実を自力で摑むのではなく、虚空のごとしと言われている空気のようなものに、逆に包まれるのである。包んでいるのが「摂取不捨」の願心である。

しかし、ここで注意しなければならないのは、私の中に飛び込んできた如来が、己を捨てた他力の願心によって、地獄一定の私を助けるとしても、私が如来になるのではない点である。先述した「我は如来にあらず」は、あくまでも底下の凡愚の事実である。凡愚そのものであるわれわれが如来になることなどありえない。願力が智慧の光明となって私の事実を照らし出すのである。照らされれば照らされるほど、私の闇の深さは底がしれなくなる。そのことに気づかされていく。生きてはたらいている強烈な迫力との出遇いである。その連続が、逆の意欲を湧き立たせると言えよう。機の深信は「ひと」を絶望させ、恐怖に落とし入れるなどというのは、この深信の底知れない大悲の活力を全く感知できない理知の言うところである。脳という最大の武器を手に入れた人類がその武器によって、恐ろしい血みどろの闘争をくり返し続けている。それは、この矛盾した関係の落とし穴に気づいていないことを示している。底下の凡愚にすぎない私たちが、その「私」から解放されて浄土に生まれ安楽になるというのは簡単なことではない。どうにもこうにもならない自己の闇の暗さは曠劫以来の背景を荷負してわれわれを脅かす。したがって、生易しい期待感などでどうにかなるものではないのである。

その助かりようのない己そのものが、お手上げ状態として現に生きている。そのことが疑いようのない事実として認められるとき、無碍光の光明に出遇うのである。その光は私の内にあるものではない。光そのものである阿弥陀仏が、私の底知れない闇を照らし出したのである。そのことが実感されるだけである。それが「生きてまします法蔵菩薩」の発見であった。その根拠は「雑行を棄てて本願に帰し」た宗祖の体験だったのである。経験は一人ひとりの個別性をもっている。ただ、その根本は一如である。それが一如の願心の五劫を尽くしての思惟と永劫の御修行を成り立たせている。他力の本願力のみのなしうる生命の事実を語っているところである。頭の中だけで創り出した幻想にはその力はない。蠟細工の食堂の見本のような食べられないものではないのである。

第二章　神光の離相の奥行

神光の離相をとかざれば　無称光仏となづけたり
因光成仏のひかりをば　諸仏の嘆ずるところなり
（『浄土和讃』、聖典四八〇頁）

因光は「内因力」（種子《ビージャ》）の光のことである。左訓には、「ひかりをたねとして　ほとけになりたまひたり」、「ひかりきはなからんとちかひたまひて　むけくわうふちとなりておはしますとしるへし」（『親鸞聖人全集』和讃篇、一三頁）とある。「光を種子として仏になりたまいたり」と言い、「光、極まりなからんと誓いたまいて、無碍光仏となりておわしますと知るべし」とある。

そもそも光が因なので、果としての成仏も「ひかり」であることは疑問のないところであろう。ところが、不思議としか言いようがないのであるが、われわれ凡愚にはどうしても文字しか見えなくて、「光」そのものとしては受け取れないことである。その理由を「光」の方へ押しつけて、「光が悪いのだ」と相手の責任にしてしまう場合もないとは言えない。考えられない無謀な行為であるが、そのような例は現実にいくらでも起こっている。

ここで最も注意しなければならないのは、そのような行為を当然のこととしてなしてしまう、われわれの体質の問題である。すでに述べてきたことではあるが、恐ろしいほどの自己肯定である。その強烈な自己主張がわれわれの意識の根底に、無意識と言われる状態で潜んでいるのである。その自分に気づくか否か。その自己を反省できるかどうか。要するに自分を俎上にのせて問い直すことが私たちにできるかどうか。これは至難のわざであり、容易ならざることである。

無碍光仏は「無称光仏」でもある。祖師の左訓では「すへてことはおよはぬによりて　むしようくわうふちとまうすなり」（同前）と言う。「すべて言葉及ばぬによりて、無称光仏ともうすなり」と読める。「いろもなし、かたちもましまさず。しかれば、こころもおよばれず。ことばもたえたり」（『唯信鈔文意』、聖典五五四頁）に通じている。また、「不可思議尊」で言えば、「自利利他円満して　帰命方便巧荘厳　こころもことばもたえたれば」（『浄土和讃』、聖典四八二頁）の「不可思議尊」になる。その左訓が「こゝろもことはもおよはれす」（『親鸞聖人全集』和讃篇、二五頁）である。

そこで、「神光の離相をとかざれば」の左訓を見る。「ひかりはかたちのなきなり　しんくわうとい ふは　あみた　すへてみたのかたち　ときあらはしかたしとなり」、「むけくわうふちの　おんかたちを　いひひらくことなしとなり」（同前一三頁）とある。離相の「相」には「かたち」とある。ある種の具体相としておく。光には「かたち」がない。そのことが前提になる。ゆえに神光というのは阿弥陀の語が、弥陀の「かたち」を説き表わすについては、すべて不可能と言う。ある種の「かたち」をとると言いながら、神光の離相と言う場合には、神光の「かたち」として言い当てることはできないと言うのである。

別稿で多少の考察を試みた「阿弥陀仏は、光明なり。光明は、智慧のかたちなりとしるべし」(『唯信鈔文意』、聖典五五四頁)に相当している。「尽十方無碍光仏ともうすひかりにて、かたちもましまさず、いろもましまさず」(同前)である。「方便法身ともうす御すがた」(同前)で、法蔵菩薩と「なのりたまいて、不可思議の大誓願をおこして、あらわれたまう御かたち」(同前)が「尽十方無碍光如来」である。いろもかたちもないところからあらわれてくださった「かたち」なのであるが、その「かたち」が光のかたちであるために、「かたちもましまさず、いろもましまさず」と再度否定されている。二重に否定されるという構造をとって成り立っているので、何も無くなってしまうと解する人もいるであろう。しかし、宗祖の場合はそうではない。「無明のやみをはらい、悪業にさえられず。このゆえに、無碍光ともうすなり。無碍は、さわりなしともうす」(同前)と言う。「無明のやみ」という、われわれにとって手に負えない、そのくろぐろとした「やみ」を完全に払いのけ、恐るべき悪業にも何らさえられることはないと言う。どうしてそのようなことが可能になるのであろうか。

そこで改めて問われることになるのが、「智慧のかたち」である。しかし、全くお手上げ状態に陥ってしまう。それがわれわれである。だとすれば、どのような手がかりがあるというのか。どこで確かめればいいのか。その点が次の課題になってくる。井筒の言う「意味の深み」を感知する「叡智」が浮上してくる所以である。宗祖の言う「智慧のかたち」を近・現代の言語哲学の成果を取り入れて表現すると、「言語アラヤ識」の語で言い当てる可能性が生じてくるのである。

第三章　「言語アラヤ識」の補説

前著で多少触れることのあった「言語アラヤ識」についての項は、あまりにも不充分との感を深くしている。すなわち、井筒俊彦・丸山圭三郎による「言語アラヤ識」説が曽我唯識の解明のヒントになるなどとは、夢にも想わないことであった。さらに日常的生活の中でも、そこに示された事実を経験できることが確かめられたからである。そうであるとすれば、もう少し検討を加えなければならないであろう。そこで、丸山の残してくれた唯識についての論考を以下に紹介する。

「言語アーラヤ識」の項

〈識〉とは対象を感覚・知覚・思考する心の働き一般をさすが、それまでの小乗仏教が、眼識・耳識・鼻識・舌識・身識・意識の六つ（＝いわゆる五感と表層意識）しか考えなかったのに対し、〈唯識派〉はそれらの基盤となる〈マナ識〉と〈アーラヤ識〉を加えて、全部で八つの識を立てた（さらにその根源に純化された〈アーラヤ識〉としての〈アマラ識〉を立てる九識説もある）。〈マナ識〉は深層意識に巣くう自我意識であり、これを生み出す識が〈アーラヤ識〉という潜在意識である。〈アーラヤ識〉は、過去・現在・未来にわたって生死する輪廻《りんね》の主体であり、この貯蔵所という意味をもつアーラヤには、あらゆる存在を生み出す〈種子《しゅうじ》〉という精神的エネルギーが薫習《くんじゅう》される。言語哲学者・井筒俊彦氏によれば、これこそが深層意識の言葉であり、この言葉は、概念的分節の支配する表層意識の言葉（＝言語《ラング》）と違って、明確な分節性のない〈呟《つぶや》き〉のようなものである。（丸山圭三郎『言葉・狂気・エロス』九九頁）

と述べて、次のように井筒の説を引用する。

「言語意識の深層には既成の意味というようなものは一つもない。時々刻々に新しい世界がそこに開ける。言語意識の表面では、惰性的に固定されて動きのとれない既成の意味であったものでさえ、ここでは概念性の留金を抜かれて浮遊状態となり、まるで一瞬一瞬に形姿を変えるアミーバーのように伸び縮みして、境界線の大きさと形を変えながら微妙に移り動く意味エネルギーの力動的ゲシュタルトとして現われてくる」（井筒俊彦『意味の深みへ』、岩波書店）。（同前九九〜一〇〇頁）

この丸山が紹介した部分に続く井筒の述懐も印象的であった。

「意味の深み」という主題を、いくらか哲学的整合性をもって理論的に取り扱うことができるのではあるまいかという確信に近いものが私の中に生れたのは、それからずっと後になって、仏教の唯識哲学を学び始めた時のことだ。丁度、西欧の学会でも、ユングの心理学が、人間意識の底に潜む巨大な下意識的エネルギーの働きを指摘し、また特にフロイト派のジャック・ラカンが、無意識とコトバの奇妙な結びつきの重要な意義を強調し始めていた。（『意味の深みへ』二九四頁）

ところで、唯識哲学の説く「薫習」とは、現代的な表現で言い換えるなら、「意味化」のプロセスということになるだろう。すなわち、一々の経験は、必ずこころの深層にその痕跡を残すとはいっても、生《なま》の経験がそのままの姿（たとえば、普通の意味での記憶というような形）で残留するのではなく、すべてその場で、いったん「意味」に転成し、そういう形で、我々の実存の根底に蓄えられていくのである。それを唯識の術語で「薫習」と呼ぶのだ。（同前二九五頁）

「「意味化」のプロセス」と言われているところが、井筒説の特色である。われわれの「経験がこころの深層にその痕跡を残すといっても、生《なま》の経験がそのまま残留するのではない」というのは『成論』（=『成唯識論』）で「現行熏種子」と言われているところに適合する。現に行われている経験の事実が現生とも言われる現行なので、「生の経験」とすると、その現行がそのまま残留するのでなく、「意味」に転換して「実存の根底に蓄えられていく」と解説している。実存の根底とはアラヤ識のことである。そこに蓄えられる「意味」とは「種子」のことだと言うのも井筒説の重要なポイントである。われわれの経験はそのままでなく、種子に変換されてアラヤ識に蓄積する。その場合の種子とは「意味」のことだと言うのが斬新な解釈である。

過去の一切の経験が「意味化」して蓄えられる内的場所《トポス》として、この構造モデルの最深層（第八番目のレベル）を措定し、これを「アラヤ識」（ālaya-vijñāna 文字通りには「貯蔵庫意識」）と名づけ、そこに貯蔵される「意味」を「種子《しゅうじ》」と名づける。

「種子」、すなわち、この段階での「意味」、はわれわれが常識的に理解しているようなコンヴェンショナルな「意味」ではない。コンヴェンショナルな「意味」の成立は、表層意識のレベルでの事態。「アラヤ識」のレベルにおける「意味」は、「意味」というより、むしろ「意味」エネルギーというほうが真相に近い。つまり、「アラヤ識」は、全体としては、力動的な「意味」の流れである。（同前二九五～二九六頁）

ここでの問題点を曽我唯識の観点を加味して確かめると、第八アラヤ識は経験が蓄えられる最深層の内的場所に当たる。ゆえに曽我語では「内因力」としての「いのち」の根源のことになると思われる。いずれにしても、唯識思想を「言語アラヤ識」という観点に立って思索を深めていく力量には大いに啓発された。そこで気づかされた重要な指摘は、「意味」といっても「常識的に理解している」ような意味のことではなく、「「意味」エネルギー」と言うほうが妥当とされる、「力動的な「意味」の流れ」のことと解されているところであった。つまり、最深層の内的場所を常識的な表層意識のレベルで理解してはならないと言われているところである。単なる心理学的な領域のことに限定してしまっては浅薄な受け止めになってしまうと言うのである。

次に論じられる「名言種子」は「コトバ」の問題であるために、人間にとっては欠かすことのできない具体的な事実に直結している。ゆえに、「「アラヤ識」は、また、全体として、根源的に言語的性格を持つ」（同前二九六頁）と言う。そして、次のような結論に達している。

数限りないこれらの潜在的「意味」形象の全体を理論的に想定して、私はそれを、「言語アラヤ識」（あるいは「意味アラヤ識」）と呼ぶ。すなわち、唯識哲学の説く第八「アラヤ識」を、強弱様々な度合いにおいて言語化された「意味」エネルギーの、泡立ち滾《たぎ》る流動体として、想像するのである。

無数の潜在的「意味」形象が、瞬間ごとに点滅し、瞬間ごとに姿を変えつつ、下意識の闇のなかに渦巻く。「アラヤ識」のこのような有様を、世親（ヴァスバンドゥ）その人の『唯識三十頌』が「恒《つね》に転ずること暴流《ぼる》の如し」（恒転如暴流）という印象的な言葉で描いている。人間のこころの底知れぬ深みに、「種子」、すなわち、潜在的「意味」形象の、こんな凄じい激流を見るのだ。勿論、一つの比喩的イマージュにすぎない。だが、この比喩には、「意味」の深淵を覗きこんだ人の生なましい感触がある。（同前二九七頁）

「アラヤ識」の暗い深部に流動する「意味」エネルギーの、あれこれの部分が、時と場所の要請に応じて、あるいは単独に、あるいは幾つか連合して活性化され、表層意識の白日の光のなかに浮び上がってくる。我々の言語意識のこの次元は、コトバが、あらかじめ社会慣習的に制定された記号コードの緊密な組織をなして支配している領域であって、この記号組織に組み込まれて存立するかぎりの「意味」だけ観察しているかぎり、我々の目には、その底に伏在する「アラヤ識」的「意味」エネルギーの働きは見えてこない。しかしそれが伏在することは、たとえば何か

の事情でパロール*の創造性が異常に昂揚する時、はっきり感得される。（同前二九八頁）

*個人が具体的な場面に当たって行う、一回一回の言語的行動（＊印・註は著者付加）

「暗い深部に流動する「意味」エネルギー」と言う。それがわれわれの表層意識の光の中に浮かび上がってくる。コトバで表されるこの次元は「あらかじめ社会慣習に制定された記号コードの緊密な組織」の支配している領域であって、そこで観察しているかぎり、その底に伏在する「「意味」エネルギーの働きは見えてこない」と言われている。

ここで「暗い深部に流動する「意味」エネルギー」と言われるのが、曽我唯識の「第七マナ識」であり、それを生み出しているのが、われわれの現実の底に伏在する「意味」エネルギー「第八アラヤ識」であると思われた。両者は体としては全く別でありながら、同時的にはたらいている。前著（一五四頁）で紹介した「「言語アラヤ識」の暗闇」に当たる。すなわち、アラヤ識はマナ識と正反対のはたらきをしながら、マナ識によって否定される。しかし、その否定を自らの中に摂め取って、マナ識にもその存在の「意味」を与えるのである。そのエネルギーが、アラヤ識の無限の創造力だと言うのである。そのことが確認できるのは、「パロールの創造性が異常に昂揚する時」だとある。一人ひとりの具体的な言語行動が、何らかの事情で異常に昂揚して創造性が発揮されることがあるというのは、前著で紹介したアラヤ識の意欲的な無限の創造力に当たっているからである。「はっきり感得される」という井筒の経験は、およそ百年前の曽我の「感招」と符節を合するように類似しているのである。不可思議としか言いようのない事実であるが、論理的に日常的理知で認識できないから、ただの錯覚であると切り捨ててしまえるものではない。この事実は納得せざるをえない察知であった。

ところで、次の井筒の言う説からは思いがけない示唆を与えられた。

だが、このように「本質」が終始一貫して無であり、ないものであるとすれば、結局この現実の世界には本当の意味であるといえるものは何一つなくなってしまうわけで、もしそれでも経験的事実として事物は存在しているというなら、その存在は妄想の所産であり、世界は夢まぼろしのごときものであるということになるのだろうか。事実、通俗的仏教ではそんなことを言う。経典もさかんに現世の儚さを説く。しかし哲学としての仏教はそう簡単にはそのような結論に行くことはしない。なぜなら、大乗仏教の形而上的体験における空には、「真空妙有」という表現によって指示される有的局面があるからだ。「本質」が実在しなくとも、「本質」という存在凝固点がなくとも、われわれの生きている現実世界には、またそれなりの実在性がある。「本質」はないのに、事物はあるのだ。「本質」の実在性を徹頭徹尾否定しながら、しかも経験的世界についてはいわゆるニヒリズムではなく、分節された「存在」に、夢とか幻とかいうことでは割りきれない、実在性を認めるのは、東洋哲学全体の中で、所々に、いろいろな形で現れてくるきわめて特徴的な思惟傾向だが、この東洋的思惟パタンを、大乗仏教において、特に顕著な姿でわれわれは見出す。

（『意識と本質』二一一頁）

この文章に出遇った時の感銘には、身の振るえるような思いがあった。このような表現をとって、長年悩まされ続けていた捉えどころのない問題について、現に生きている自己の現実に関わる見事なヒントを与えられたからである。その手がかりを得られたことは望外の喜びであった。とても太刀打ちできない難問に対する了解の確立である。完全な矛盾における統合の体験でもあった。

同時に『論註』の語っている要衝に完全に一致していることにも驚かされた。もちろん、使われている用語はほとんど別なのである。ところが思考のパターンではまさに一如と言い切ることのできるゆるぎない認識を感じとれたのである。

井筒の、「いうまでもなく中国における仏教発達史の最初期を飾る大思想家だが」（同前一五頁）から始まる僧肇（三七四~四一四）についての評価は、『親鸞教学』一〇九号（六六頁）ですでに紹介した福永論文との共通する視点が窺える。そこで福永論文を見る。

郭象に於て物の世界に成立する一切の対立と相剋は、その根源に於て「一」に玄同されたが、物それ自体はなお実体的な概念として残されていた。僧肇は此の様な郭象（老荘）的な物の概念を否定する。然し彼の万物の不真性の弁証、空の解釈に於ける思惟と論理には、なお郭象（老荘）のそれに負う所が少なくないであろう。確かに空の思想は具体的なるものを重んじ、感覚的なるものに信頼し、事物の実体性を前提としてそのあらゆる思想を展開せしめたシナ人に（と）って奇異でもあり難解でもあったに違いない。然し魏晋の老荘思想は既に本体論的な無の否定の中に存在論的な無（それは本来荘子的な思想であったが）を性格づけ、真に在るものが形象概念を超え、概念の否定を通して否定的な表現に於てのみ僅かに説明され得るものである事を理解していた。

（『肇論研究』二六六〜二六七頁）

「中哲」とも言われる漢民族の哲学的思考能力については種々の論考がなされている。その中の白眉とも言うべき労作がこの論文であることは明らかである。しかし、改めて感銘を受けたのがこの文であった。事物の実体性を疑うことのなかった「シナ人」にとっては「空の思想」を理解するのは困難であったというのは納得できた。しかも、それは「具体的なるものを重んじ、感覚的なるものに信頼」を置く思考において受容されているというところが興味深かったのである。民族の違いを越えて人間にとっての本当の意味での「真」なるものは、理解されるというのは真理であることを証明していると思われた。続いて、

僧肇の空の理解は此の様な郭象的思惟と論理を基盤として初めて成立し得るものであった。―万物は決して実体的な存在でも不滅なものでもなくて、それは変化し毀れ亡びる存在である。すべての在るもの（有）は真有ではなくて仮有である。万物は此の意味に於て有ではないのである。然し又それは現にそこに在るという意味では無と云うことも出来ない。それは恰も幻化人の様なもので、幻化人として現われている限り、そこに存在してはいるが、幻化人はあく迄幻化人であって真の人間ではないのと一般である。（中略）空とは此の様に万物が無でもなく有でもないと

いう事に他ならない。僧肇はこの事を主として究竟者の在り方と縁起の思想と名実の論理の三つの点から論証する。（同前二六七頁）

僧肇の思想における郭象（老荘）的思惟なり論理なりは、僧肇に於て如何なる意味をもつのであろうか。それは老荘を学びながら老荘を自己の究極の立場とせず、仏教の徒としての自己に最大の真実を見出した僧肇に於て如何に受け継がれ、どの様に超えられようとしたのであろうか。（同前二六八頁）

彼はこの郭象的な「物」の思想の超克を仏教に教えられたのである。彼は郭象によって我（聖人）に対置された物の実体性を否定してそれを「空」に止揚し、郭象に於て遷移し変化すると考えられた万物の時の世界における流動と変化を不去不来不変不遷として否定する。（中略）僧肇は郭象の冥物を即物として受け継ぎながら、その「物」の理解に於て郭象を超えるのである。僧肇は此の意味に於て老荘の徒でなくして仏教の徒であったのである。（同前二六九頁）

即は一切肯定の論理であり、如実の論理である。そこでは真に在るものを、これでもなくあれでもないと否定する認識の立場が、これでもあり、あれでもあると一切を肯定する実践の立場に転ぜられる。僧肇は此の様な「一切肯定」「如実」「主体的実践」を即という語で表わしているのである。（中略）僧肇は郭象の此の様な一切肯定の精神、如実の思想とその実践への関心を「即」の思想の中にそのまゝ受け継ぐのである。僧肇の「即物」の思想を支えるものは、強く逞しいシナ民族の求道の意欲であり、一切肯定のシナ的精神であった。僧肇は此のシナ的精神に於て仏教の真理を主体化するのである。僧肇が後に最もシナ的な仏教と云われる禅宗に於て占める、高く大きい地位も偶然ではないのである。

（同前二七〇頁）

以上のような福永論文の示唆をもとに井筒の僧肇に対する評価を見ると、『意識と本質』から改めて教えられたのは、その洞察力の鋭さであった。僧肇に対する井筒の評価は並々ならぬものが感じられる。井筒が取り上げている『肇論』の「答劉遺民書」の該当箇所は次のように訳されている。

だから聖人は、その心中を空虚にして、識別することも覚知することもなく、そのようにして活動する世界に身を置きながら、無為の境地に止ったまゝであり、（万象の）名がある（分別の世界の）内に処りながら、言象を絶した場所に住っており、（その境地は）音もなく影もなくて、形や名〔言葉〕でとらえられるものは（何も）ない、というようなそんなものであります。

（同前五四頁）

この文に対する井筒の理解は次のようになっている。

すなわち、聖人はその意識を空洞にして（「……の意識」としての表層意識が志向する対象を払拭して無意識の次元に立ち、その見地から経験的世界を見るので）、いかなるものも「本質」によって固定された客体として認知することなく、従ってまたそのようなものとして意識することなく、実際に活動する日常的現実の世界に身を処しながら、しかも無為の境地にとどまり、あらゆるものがそれぞれの名を通して分節された世界の中におりながら、しかも言語の「本質」喚起作用を超絶したところに住んでいるのであって、その境位はひっそりと静まりかえってものの影すらなく、形象とコトバで捉えられるようなものは一つだにない——およそ、そんな世界に聖人は住んでいるのである、という。（『意識と本質』一四〜一五頁）

この種の東洋的思惟パタンにおいて、言語の「存在」分節作用が、いかに決定的な位置を占めているかということだ。聖人だとて、人である限りは、「存在」が言語によって意味的に、すなわち本質喚起的に、分節された世界に生きなければならぬ。しかしそれらの「存在」の分節形態を対象としては彼は捉えない。（中略）ただ、この意識は存在界のどこにも「本質」なるものを識別しない。ということは、それが無意識——無の意識とは違う——だということ。まさに「寂寥虚曠」の境位である。（同前一五頁）

しかもそれらの分節の存在中核に、それぞれを一つのものとして凝固させる「本質」を認めない、というこの聖者的あるいは至人的態度は——しかもそれらの分節形態が経験的事実として彼の目に現前している以上——当然、それらはただそういう形で現われているだけで、本当はないものであり、いわゆる「本質」は虚構であるという考えに導かざるを得ない。ここに大乗仏教特有の徹底的な本質否定が、本質虚妄説として出現してくる。『般若経』以来、ナーガルジュナ（龍樹）の中観を通って唯識へと展開する大乗仏教の存在論の主流の、これが中枢的テーゼをなす空観で

ある。　（同前一六頁）

ここでの「本質」は、いかにも確かにあるように見えているだけで、「本当はないもの」だというところである。「大乗仏教特有の徹底的な本質否定」が「『般若経』以来」の龍樹の空観であるというところからも斬新な示唆を得た。「中観を通って唯識へと展開する大乗仏教の存在論の主流」が「空観」であるとの指摘は、「大乗の至極　浄土真宗」を口先だけでしか理解していない真宗を学ぶ者に痛棒を与えるものと思われた。「予はその一なり」（『教行信証』「化身土巻」末、聖典三九八頁）の聖言が身に沁みる。

以上の観点から、

大乗の本流である『般若経』に説かれる思想は、大多数の人間にとって実行不可能な難行道です。　（『誤解された親鸞の往生論』三六頁）

曇鸞は思想の系統の異なりを無視して注釈をするという無謀なことをしようとしているのです。　（同前五一頁）

という小谷の説は、あまりにも勝手な主張になるのではないか。このまま放置することのできない暴論になっているように思われる。

井筒は言う。

「本質」の否定、それを術語的には「無自性」（niḥsvabhāva）という（中略）「自性」とは、ある

> ものをそのものとして結晶体に保つ、不変不動の実在的中核を意味する。認識的には、われわれが経験的世界において、あるものをそのものとして「……の意識」の対象とする志向性の基盤となるものである。そして、こういう意味での自性、すなわち「本質」が本当はないものとして、その実在性を否定されるのは、中観的にいうならば、上に述べた「畢竟平等」すなわち「空」を背景に、あらゆる存在者が縁起によって成立するもの、相関相対的にのみその存在性を保つものと考えられるからである。（中略）とにかく、AとBという二つのものが始めから自性的に、すなわちそれぞれが自分の「本質」を抱いて存立していて、それが相依状態に入ってくる、というのではなくて、縁起的事態が先ず経験的に成立し、その事態が「……の意識」の面に映るとき、意識は語《ことば》の意味を手がかりとして、そこにAとBという二つの「本質」を分節し出すということである。
>
> （『意識と本質』一八～一九頁）

羅什の優れた翻訳によって、「四論」に触れた、福永の言う「シナ人」の青年僧は、充分すぎるほど龍樹の空観の真髄を理解したと思われる。そのことを証明する著作が先に見た『肇論』である。

例えば、『肇論』の「不真空論第二」には次のような所説が見られる。

> いったい至虚無生というのは、思うに般若という不思議な鏡にうつっている霊妙なありさまであり、あらゆる存在の宗極者《おおもと》〔究極的な根元〕である。特にすぐれた明智を持つ聖人でもない限り、どうして精神を（此の様な）有無の間〔非有非無なる至虚無生を指す〕に契合させることができ

ようか。（中略）それこそ至人が万物のそれ自体虚であるniḥsvabhāva, śūnyaのに即する〔そのまゝ適合する〕ことによって、何物も至人の霊妙な明智をさまたげることができないということではなかろうか。

（『肇論研究』一四頁）

から始まって、

この有無の議論をたずねると、（それが）どうして単なる逆説にすぎないものであろうか。もし「有である筈」ということが、そのまゝ有であるならば、無ということはできない。（中略）これはことがらは一つであるが称《よびな》は（有と無の）二つである。その表現は同じでないように見える点があるが、かりにもそれが同じである点をさとるならば、どの相異も同じでないものはない。（中略）何故かといえば、それが有であるといおうとすれば、（その場合の）有は真に生じているものではなく、それが無であるといおうとすれば、事象がすでに形《あらわ》れているからである。事象が現われている限り（それは）たゞちに無であるとはいえず、（また）真でないかぎり実有ではない。してみると（万象は）不真であって空であるという意義が、こゝに顕かになるのである。

（同前二〇～二一頁）

この有と無の見を空じて離れることとは、曇鸞の教学を通して宗祖にも後に多大な影響を与えている。和讃で言えば、

解脱の光輪きわもなし　光触かぶるものはみな

有無をはなるとのべたまう　平等覚に帰命せよ

（『浄土和讃』、聖典四七九頁）

南天竺に比丘あらん　龍樹菩薩となづくべし

有無の邪見を破すべしと　世尊はかねてときたまう

（『高僧和讃』、聖典四八九頁）

である。つまり、「四論の講説さしおきて」（『高僧和讃』、聖典四九一頁）と言われる場合の「さしおきて」は、「中」として論ずる「空」を難解であるから特殊な能力の持ち主にしかわからないと、否定してしまうことではない。「そのままにする。後まわしにする。」（『岩波古語辞典』五五四頁）という用語であることは歴然としている。

ちなみに、僧肇の影響のもとにあると言える祖師の『論註』の引文は、

肇公の言わく、「法身は像なくして形を殊にす。ならびに至韻に応ず。言なくして玄籍いよいよ布き、冥権謀なくして動じて事と会す」（注維摩詰経序）と。（『教行信証』「証巻」、聖典二八九頁）

である。この引文についての概要を言えば、法身には「カタチ」がないのであるが、それぞれ特殊な形をあらわしている。同時に「至韻に応ず」ると言うのは、「韻」は「ひびき」とか「おもむき」の意味なので、その究極に応同するというのである。しかも、言語化されることはないので、「こころもおよばれず。ことばもたえたり」（聖典五五四頁）でありながら、玄妙な内容を含んだ書籍として広められていく。また隠れている手だてを用いるので、謀うことなくしてさまざまな事象に対応して、

あるべき状態に会合できる、というのである。微妙極まりない法身や至韻、また冥権のはたらきと述べているのである。なお、文章の区切りは、いわゆる親鸞読みになっているので、非常識な読みかえと言われることもある。宗祖の個性溢れる文章の一つである。詳細は二十年前の安居本講『無上涅槃の妙果』第七講「法身の至韻」（一九六〜二一六頁）で述べた。今日でも私の考えは変わっていない。ただし、反省すべき点の多々あることは言うまでもない。

第四章　二回向・四法の検証

小谷説では、

往相回向に関して親鸞は、（中略）教、行、信、証という四種の事柄はすべて往相回向であるという。浄土往生への行も信も、往生によって得られる証も、それらを説く教も、すべて如来より回向されるものであるという。

（『親鸞の還相回向論』一〇四頁）

とある。ここにすでに往還二相の根幹にからむ過誤が示されている。つまり四法について、「四種の事柄」と解して教・行・信・証のすべてが往相回向であると言う。その点については確かめなければならないことが生じている。つまり、ここでの法はただの事柄ではない。

真実の教行信証はすべてこれは衆生のところにある自覚的な事柄です。すなわち衆生が出遇い、獲得し、体験し、そして生きていくものです。

（寺川俊昭『親鸞の信のダイナミックス』八一～八二頁）

とあるように、法性の法、法身の法としての道理に関わる法と解することもあるからである。ゆえに、真実そのものとしての法と、それが「往相回向である」と言う場合の「往相」と「回向」との間には、混同してはならない一線が生じているのである。にもかかわらず、その境界線に気づくことなしに、常識的な一般論で見てしまっている。そのために奇妙な説になっているのである。

「如来より回向されるもの」と、「回向を受ける衆生の立場」を同じに見るのは、ここでは誤りになる。なぜなら、教・行・信・証の四法は真実それ自体として如来の領域に属している「如来浄土の因果」である。『述文賛』では『大経』の上巻である。それに対して往還の二相は、

二種の相があると語っているのであって、決して二種の回向があると語っているのではない、ということです。回向のはたらきに、往相・還相の二つの相がある、あるいは形がある。曇鸞大師はこう語っております。（同前九四〜九五頁）

というのが寺川の見解である。

香月院は「初めの往相回向の中で、教行信証の四法が分れる」（『教行信証講義』第一、二四七頁）と言う。これは『大経』を上巻は「如来浄土の因果」、下巻は「衆生往生の因果」に分けて見る方法であって、宗祖が「行巻」に引用されている憬興師の『述文賛』の文（聖典一八二頁）を根拠とする宗学の基本である。

そこで、香月院の説について要を言えば、「浄土真宗を按ずるに、往還二種の回向と、教行信証の四法とがある」（『教行信証講義』第一、二四三頁）が、「如来の功徳を、（中略）衆生にめぐらし向わしむるが回向」（同前二四四頁）なので、回向は如来の為すことであり、衆生が回向を行ずることはな

いということになる。ただし、衆生が回向を行ずるという者もいるが、それは浄土亜流の説であって、宗祖の真宗の言うところではないと述べている。（同前二四六～二四七頁、要旨筆者）

一方、小谷は往相回向について、

それゆえ阿弥陀如来は、行と信と証とをそれらを説く教えと共に、衆生に浄土往生の方途として回向する、往相を回向するのであると、親鸞はいうのである。（『親鸞の還相回向論』一〇五頁）

と言い、「香月院は、往相は衆生の往生する姿、還相は娑婆へ戻る姿であると述べ」（同前）ているとして、香月院の次の説を引用する。

往相還相と云うは、衆生の方にあることとなり。往相の往は、往生浄土のことで、娑婆に於いて信心をえて、浄土に往生して涅槃をさとる迄が往相なり。また還相の還は、還来穢国の義なり。浄土から穢土にたちかえり、あらゆる衆生を済度するなり。（中略）その還相も往相も、凡夫自力の企ては少しもなく、みな如来の方からの回向じゃということで、往相回向還相回向と云う。

（『教行信証講義』第一、二四四頁・『親鸞の還相回向論』一〇六頁に引用）

ところが、ここで香月院が、「往相還相」について「衆生の方にあることとなり」と言い、続いて「往還二相は衆生に約して名を得るなり」（同前）と述べているのは、「みな如来の方からの回向じゃ」と明言しているように、如来より賜った回向のことである。そして「回向の言は弥陀に約して、（中略）皆な弥陀の他力回向なり。それを二種の回向と云う」（同前）と断定されるのである。これは往・

還の二相と、弥陀の他力の回向とは截然と分かれているからである。

往相還相の回向に　もうあわぬ身となりにせば

流転輪回もきわもなし　苦海の沈淪いかがせん

（『正像末和讃』、聖典五〇四頁）

と祖師は詠われている。きわもない流転の苦海に沈淪している御自身をはっきり自覚されている。往還の二種の回向に値遇できるか否かは「只ごと」ではないのである。ゆえに、

この二種の回向を明しおわりて、天親曇鸞を讃嘆するは、二種回向の拠が浄土論にあって、夫れによって註する鸞師なればなり。（中略）文の外の深義を探りえて、その経その釈の正意をえると云うが、是れが仏教を伺ふ常格なり。（中略）つい顕文でみるならば深義ではない。ちょっとしてはしれぬ深き義理あるゆえに深義と云うなり。

（『教行信証講義』第一、二四四〜二四五頁）

と香月院は述べている。

これらの説によれば、衆生に回向が属することはないことになる。衆生は如来の回向を賜るだけで、自らが回向を行ずることはありえないのである。行はすべて如来の行である。ゆえに「大行」と言われている。「凡夫自力の企ては少しもなく」とあるのはその意味である。

以上の視点に立って小谷説を見ると、「親鸞」についての次の解釈は、果たしてその通りなのか甚だ疑わしくなってくる。

親鸞が、浄土における衆生の証を弥陀の妙果と異なるものとは考えていないことは明らかである。

（中略）ゆえに、衆生の証である滅度を、次のように常楽、寂滅、無上涅槃、無為法身に置き換えて示している。

（『親鸞の還相回向論』一〇六頁）

「証巻」の示す証は、あくまでも四法の最後としての法の自証である。如来の領域におけることであるから、妙果であり常楽・寂滅などに置き換えられることもあろう。ただし、ここで問われることになるのは「浄土における衆生」と、簡単に衆生を浄土に位置づけている点である。〈菩薩〉と言うのであるから、菩薩としての衆生というつもりであろう。和讃には、

五濁悪時悪世界　濁悪邪見の衆生には
弥陀の名号あたえてぞ　恒沙の諸仏すすめたる

（『浄土和讃』、聖典四八六頁）

とある。また、「五濁悪世の衆生の　選択本願信ずれば」（『高僧和讃』、聖典五〇〇頁）と言われている。その「衆生」がわれわれの現実であろう。その衆生がどのようにして濁悪邪見を超えて菩薩になったのか。すべてを救う如来の大悲心によって無条件に救われるというのであろうか。

どうしてここに、衆生の行の称名念仏が出てこないのか。信の問題も、何ら触れられていない。ただ「浄土における衆生」と言われている。だとすれば、〈菩薩〉が衆生であるという論拠は、どのような事実として証明されるのか。ただ都合のよい言葉を並べているだけのようにさえ思える。

他の項にも奇妙な論旨と言わざるを得ない箇所がある。すなわち香月院の説として、

善知識の教は教也。聞其名号の名は行なり。信心歓喜は信なり。（中略）その往相が皆な如来の

他力回向じゃと云うことを、「往相回向に就きて、真実の教、行、信、証あり」と云うなり。

（『教行信証講義』第一、二四七頁）

を引用して、

阿弥陀如来の下に已に成就されているもの、つまり完成されて具わっている（中略）往相を回向するのであると、親鸞はいうのである。

（『親鸞の還相回向論』一〇五頁）

と解説する。そしてここでの回向は「すべて如来より回向されるものである」（同前一〇四頁）と言う。これまでの論証で詳しく述べてきたが、これらはすべて思い込みによる独断になりはしないか。「教、行、信、証という四種の事柄はすべて往相回向である」（同前）と言い、香月院の「その還相も往相も凡夫自力の企ては少しもなく、みな如来の方からの回向じゃということで、往相回向還相回向と云う」（同前一〇六頁）を引用しているが、小谷の言うところが香月院の真意であるかは、甚だ疑問である。少なくとも、「教、行、信、証」を「四種の事柄」と解してしまった時点で、それは「一切法」のことになって、「教、行、信、証」が法則の「法」、「軌持」の法として規準となる道理の意味が失われるからである。

ちなみに円乗院にも回向について、

祖師は常行大悲と仰せらる。論註の回向を常行大悲の益としたまう。（中略）大悲を起すは涅槃の用、大証のところであらわるるなり。是れで願力ということ知れたり。浄土論の上はこれのみ

なり。　　　　　　　　　　　　　　　　　　　　　　（『教行信証講義』第一、二四一頁）

と言う。回向は常行大悲の益である。その大悲を起こすのは涅槃のはたらきなので、願力のことになる。しかも、

五会法事讃に、般若を真宗と仰せらるるのは、浄土で証を開くと云うは外ではない、般若の法を証るなり。（中略）然れば浄土で法性常楽の証を開くは般若の証のことなり。故に般若を真宗と云う。（中略）浄土の証は般若なり。浄土の証とて別なるものを証るに非ず。

（同前二二三五〜二二三六頁）

と言う。『五会法事讃』の「般若を真宗」というのは、円乗院の次の講義のことであろう。

実相は諸法実相第一義空のことなり。教は月をさす指の如く、実相真如はさす処の月の如く、今は実相に至らしめん為と云うこと。得真無性と云うは、実相真如へ体達するが真の無性を得た人と云うものなり。

（『教行信証講義』第三、七二一頁）

と講じられている。これは宗祖御引用の、「終に実相に帰せしめんとなり。真の無生を得ん者には、たれかよくこれを与えんや」（聖典一七八頁）に当たっている。真の無性（生）を得た人とは、初歓喜地に達した菩薩である。「真相の理に達した人」（『教行信証講義』第三、七二一頁）とも言う。「念仏三昧」によって、仏は「願力を事として衆生を度したまう」（聖典一七八頁）のである。「念仏」が「真の無上深妙の門」（同前）なので、「弥陀法王」は「願力をもて衆生を度す」（『教行信証講義』第三、七二一頁）

と言う。「六八願の名号をもてみな仏事をなす」（同前七三頁）とある。一名号をもって十方世界のあらゆる衆生を助けると言うのである。

次いで興味を引かれたのは「至理真法」であった。「至理は至極の理で、真法は一如也」（同前七四頁）と円乗院は言う。至理と真法とは一如なので同じであるが、

一如はたとえば清濁共に水なり。弥陀衆生共に如にして、生仏平等なる処を一如と云う。理は一如なれども、化物利人は各別也。（同前）

とも言う。わかりやすい説明である。弥陀と衆生を生仏と言うので、平等のところを一如と言うのは了解しやすい。

ただし、衆生を教化し人を利することになれば、それぞれのことなので各別になる。その化物利人が「我が釈迦は五濁の世にいでて度生し給い、五濁の凡愚をあわれみて」（同前）、「釈迦牟尼仏としめしてぞ　迦耶城には応現する」（聖典四八六頁）となる。そして、

其場へ向うて度生し給う処は、浄穢異すれども、利益は同一じゃと云うことなり。（中略）難修難証は穢土に有りての修行也。此土入証は難修難証なり。若し易修易証はただ浄土の経文なり。是が法照が功徳蔵を開て、普く衆生へ念仏を勧め給うことゆえに、如是あるべきことなり。しいて聖道の行をおとして勧めるにあらずと云う。浄穢の利益は同じことといえども、難易の異あるゆえに、浄土の経を勧むと云うこと。

（『教行信証講義』第三、七四～七五頁）

と言われている。

　解説は委曲を尽くしていると思われた。特に、一如としての同一であるところと、浄土と穢土の異なりによって、難行と易行との差異は明確になるとの説も納得できた。だからといって「聖道門は駄目だとおとしめているのではない」との語には深く反省させられた。宗祖の「聖道の諸教は行証久しく廃れ」（聖典三九八頁）もその意味での聖言なのであった。円乗院の教学の確かさには触発されるところが多々あった。

第五章　寺川説批判への疑義

はじめに

寺川俊昭説に対しての反論ということで取り上げられているのは、通説である香月院の説に対する、寺川の次の問いである。

(イ)　往還二相は衆生の生の相であると、基本的に理解されている。しかしながら『論註』は「回向有二種相」と語るのであり、本願力の回向がはたらくについて、往相・還相の二相があると示しているのである。回向のはたらく形に「往相・還相」の二相があると語る曇鸞大師の見解を、衆生の上に実現する二相と理解するのは、十分に適切であろうか。

（『親鸞の信のダイナミックス』二三九頁）

これに対して小谷は、

しかしそれでは、往相・還相の二相は、本願力の回向のはたらく形であるとしても、それがはたらくのは衆生のうえでないとすれば、どこではたらくのか。それについて寺川師は、ご自分の見解は何も述べておられない。

（『親鸞の還相回向論』一二五〜一二六頁）

と言い、香月院等も「回向のはたらき」は「衆生のうえ」に実現していると解していると言う。さらに、

その理由は示されないで「本当に聖人の二種回向の思想にかなうのであろうか」と疑問を呈しておられるだけである。

（同前一二九頁）

と言う。

ところが、ここで寺川が力を込めて述べているのは「衆生のうえ」と言われている「衆生」自体と、その「衆生の生の相」についての確かめである。一見しただけでは、その意味を察知できない奥行と関わっている。そのために単純な見方ではこの問題の真意は理解できない。

小谷が「衆生のうえ」に実現していると理解しているという香月院でさえ、

法蔵菩薩が今日の衆生になりかわり、兆載永劫のあいだこの五念の行を修して、衆生往生の因も果も悉く仏の方に成就して、それを今日の衆生に回向する。之れを如来の回向と云うなり。

（『教行信証講義』第一、二四六頁・『親鸞の還相回向論』一二一頁に引用）

と、回向は如来の回向であるから如来においてなされていることであって、「衆生のうえ」に実現するというのは、それを賜わるものとして衆生があるにすぎないという宗学の基本的な視点は外していない。「衆生のうえ」という文字づらに惑わされて、如来の立場でのみ語られる回向を、「衆生」が主

体として回向を行ずることができると誤解しているのが小谷のように思われる。

また、曽我の言についての寺川説の言うところは重要である。

「法蔵菩薩とは何ぞや。他ではない、如来を念ずる所の帰命の信念の主体がそれである。」とも語っています。超越的実在である阿弥陀如来が、その大悲の心をもって衆生を摂取する。このような通念的な救済観をもってしては、清沢先生のあの惨憺たる、苦悩に満ちた人生を凝視するとき、いかにも弱いというほかはありません。

（『親鸞の信のダイナミックス』六〇〜六一頁）

とある。続いて、「その名のり出る主体こそ、法蔵菩薩であります」（同前六一頁）と明言する。ゆえに、「ご自分の見解は何も述べておられない」という小谷説は誤りである。法蔵菩薩が衆生のうえにはたらくのであって、衆生が主体となって回向を行ずるのではない。このことは、この文だけでも明らかである。

なお、「往還二種の回向」と言う場合に、「往還二相」と「回向」とは二つに分けられるという点はすでに述べた。すなわち「二相」は「衆生」についてのことであり、「回向」は「如来」についてのことであった。要するに、衆生が回向するということは「真宗」ではありえないのである。

そこで、寺川の言う「衆生の生の相」についての、「二相と二種の差異」について確かめる。小谷は、

ここでも寺川師は、香月院の説く「衆生の生の相」を語る二種回向の理解が、どういう理由で、

親鸞の説く「二種の回向」と異なるかを示されていない。

（『親鸞の還相回向論』一二九頁）

と言う。ところが寺川の講述を確かめると、

菩薩が回向の行を行ずるとき、すなわち苦悩する衆生を摂取して生死流転する生を超えさせようとするとき、その回向は往相・還相という二つの形をもって行ぜられるのだ。『論註』はこう語っているのでありまして、決して二種の、回向があるという見解を語っているのではありません。二種の回向というのは、親鸞聖人が形成した独自の回向の了解です。それは往相の回向と還相の回向との二種の回向があるという見解でありまして、この二つの回向には、二種類と区別すべき〈差異〉があるのだ、こういう回向の了解でしょう。ですから親鸞聖人の二種回向の知見は、曇鸞大師が回向に二種の相ありとした見解に大きな教示を受けて形成されたものでありますが、だからといって曇鸞大師の回向了解を、「曇鸞大師の二種回向の思想」ととらえるのは勇み足でありまして、必ずしも適切かつ正確な了解とはいえないとせざるをえません。

（『親鸞の信のダイナミックス』九五頁）

以上の説を理解するためには、次の文が参考になった。

往相回向・還相回向という二種の回向は、これはあげて如来の〈恩徳〉であるというべきです。（中略）これが親鸞聖人の基本的了解でしょう。その二種回向のはたらきによって衆生に恵まれるもの、それが教行信証の四法であります。ですからこの教行信証は、根は如来のところにあり

ますけれども、現実のはたらきはすべてこれは衆生のところにあるものです。（同前八〇頁）

続いて語られるところからも、改めて深い感銘を受けた。

真実の教行信証はすべてこれは衆生のところにある自覚的な事柄です。すなわち衆生が出遇い、獲得し、体験し、そして生きていくものです。そして（中略）長い流転の中にあって苦悩する生であることにうち勝って、「無上涅槃を期する」人生、十分な意味での〈仏道〉というに値する人生に転換していくこととなります。（中略）聖人の知見においては、これはじつは生の意味というか質を表しているのでありまして、流転する人生を転じて仏道という意味をもった生を実現する自覚的契機であるもの、それが真実の教行信証です。だから聖人は「証巻」でそれを、「真実の教行信証」と語ったに違いありません。（中略）それについて私は、二種回向はあげて如来の恩徳であり、それに恵まれる教・行・信・証はすべて衆生の分際であると、まず基本的にはっきり把握しておきたいのです。（中略）教行信証と切り離して二種回向を理解したり、しばしば見聞するように二種回向を二種回向だけで考察したり、まして往相・還相だけを論ずる、いわば〈二相論〉とでもいうほかないような見解を主張することは、親鸞聖人の二種回向の思想の適切な了解とはいえないと、私は考えざるをえないのです。

いま私があえて〈二相論〉といったのは、往相・還相を衆生の生の二つの相として理解する見解です。（中略）往相を〈私〉が浄土に往生する相と理解し、また還相を〈私〉が浄土から穢土にかえって、いわゆる還来穢国度人天のはたらきを行ずる相だと理解する、そのような二種回向の了解です。少し冗談めいた表現ですが、これをUターン的二種回向の理解だといってみてもよいでしょう。（同前八一～八三頁）

以上の講説からは、二種回向論についての明確な教示を与えられた。

ところが小谷は二種回向論の通説である香月院の説と、宗祖の二種回向論について、「両者に異なりを認めることはできない」（『親鸞の還相回向論』一二九頁）とし、「寺川師の二種回向理解と香月院の理解との異なりから生じたものと考えられる」（同前）と言い、寺川の「往相・還相を如来のはたらく形である」とする説に続く次の文を引用する。

その往相・還相二つの回向のはたらき、すなわち恩徳の利益として衆生に賜るものは、往相・還相の徳ではなくて、教行信証という自覚的事実であるというのが聖人の基本的了解であると、私は考えます。（『親鸞の信のダイナミックス』八七頁・『親鸞の還相回向論』一二九頁に引用）

この寺川の説を受けて、

寺川師の考えられる往相・還相の二回向は、「教行信証という自覚的事実」であり、それは香月院の説く「衆生の生の相」を語る二種回向の理解とは異なる。寺川師の香月院の見解に対する先に見たような疑問は、その異なりから生じたのであろう。しかしその「自覚的事実」も、寺川師のいわれるように「恩徳の利益として衆生に賜るもの」である以上、「衆生の生の相」を語るものである。「往相」という形をもってはたらく回向も、「還相」という形をもってはたらく回向も、衆生のうえに実現（成就）されるべき回向であることはいうまでもない。そうすれば、それは衆生が浄土往生へと歩む生の姿をとり、浄土から還来する生の姿をとって実現されなければ意味がないからである。

（『親鸞の還相回向論』一二九～一三〇頁）

と小谷はいう。そして、

しかし、親鸞の二種回向の理解は、（中略）まさしくその「ユウターン的二種回向」をこそ、正当な二種回向論として語るものである。（中略）寺川師が香月院の見解について感じられた前記の疑問は、ただ寺川師の二種回向に対する誤解から生じたものに過ぎない。

（同前一三〇頁）

と結論する。

この結論に対する寺川の回答を以下に示す。しかし、小谷の結論に対する寺川の回答はすでに、小谷が引用した文の直後に示されていたのである。

その聖人の了解がこの『浄土三経往生文類』では、如来の二種回向のはたらきによって真実の信楽をえるのだと、表されているのです。親鸞聖人の形成した独創的な二種回向論は、どこまでも教行信証と深く関連しているのでありまして、むしろ衆生が深い意味をたたえた教行信証をえること、もう少し具体的にいえば、真実教に出遇って行信をえ、その行信によって本願の行証道に立つという、きわめて力動的な信仰体験のところに自証される恩徳として、往相・還相という如来の二種回向があると理解すべきであります。教行信証こそ、われら衆生が責任をもって語るべきものです。この教行信証を十分に踏まえないで二種回向を語り、あるいは往相・還相を衆生の相だとするのが通念のようです。ここに一例としてあげた見解も、聖人の文章に正確に依るというよりも、伝承された通念的理解を、自明のこととして踏まえたところからもたれた解釈であろうかと思います。私はこのような通念的な二種回向の理解に、大きな疑問を感じます。

（『親鸞の信のダイナミックス』八七～八八頁）

とある。

これで十分であると思うが、念のためこれまでにたどってきた講説で印象に残った箇所を述べる。「超越的実在である阿弥陀如来が、その大悲の心をもって衆生を摂取する。このような通念的な救済観」（同前六〇頁）については私も前著で記した。自分に都合のいい浄土とその主体である阿弥陀如来をでっち上げて、どんなに自堕落でだらしのない甘ったれの無気力者でも優しく助けてくださると主張する人々も実際に居ることである。浩々洞で一時問題になった「恩寵主義」と言われる考え方である。暁烏敏のことであるが、後に懺悔する記録が残されている。したがって、そのような如来と浄土を、単に期待しているだけで何の証拠もないというのでは詮のないことではないか。

「二種回向論」についての通説と、宗祖のそれとの同異についても、

浄土経典の説く往生思想は、自己の力で彼岸（涅槃）を現世に見ることができない者のための思

想です。

（『誤解された親鸞の往生論』三七頁）

と小谷は言っていた。阿弥陀如来の大悲に期待するだけの甘えきった幻想は余りにも幼稚な発想と言うしかない。また「衆生の生の相」についての理解にも異常なほどの拘りがあるように見える。

つまり、二相と回向については香月院でさえも、「往・還の二相は衆生においてのことであるが、回向は如来のはたらきである」と言っている。

したがってここで小谷の言う、

香月院の説く、本願力による回向が衆生の境涯のうえに完成される営みを示す「衆生の生の相」を語る二種回向の理解

（『親鸞の還相回向論』一二九頁）

が、「親鸞の説く「二種の回向」とは異なる」（同前）と寺川がいうのはどういうことかといえば、「本願力による如来の回向の領域」と、「二相においてある衆生の生の相」との間には質的な差異があるので、その差異を「二種類」に分けて聖人は了解されていた、すなわち、

回向には、二種類と区別すべき〈差異〉がある

（『親鸞の信のダイナミックス』九五頁）

と言っているのである。

ゆえに、衆生の境涯のうえにはたらく回向は、ここで小谷が解しているように衆生が主となって直接的にはたらくことではない。如来の恩徳という如来自身のはたらきによって、その恩徳を賜わった衆生のうえにはたらくという意味である。つまり、如来と出遇うことのない衆生が、衆生自身の力に

よって如来の回向をはたらかせることはありえないと、寺川は言っているのである。

また、小谷は、

「自覚的事実」も（中略）「恩徳の利益として衆生に賜るもの」である以上、「衆生の生の相」を語るものである。（『親鸞の還相回向論』一二九頁）

と言い、続いて、

「往相」という形をもってはたらく回向も、「還相」という形をもってはたらく回向も、衆生のうえに実現（成就）されるべき回向であることはいうまでもない。（同前一二九〜一三〇頁）

とも言う。一見しただけではそれらしく読めるが、今問われている「二回向四法」については、その「カナメ」の理解が欠落しているのではないか。すなわち、「自覚的事実」として問われている「衆生」とは誰のことなのか。それは生死の海を空しく流転して止むことのないわれわれ自身のことであろう。「龍樹和讃」には次の句がある。

龍樹大士世にいでて　難行易行のみちおしえ
流転輪回のわれらをば　弘誓のふねにのせたまう（『高僧和讃』、聖典四九〇頁）

その事実を自覚するという「自己省察」の目が小谷説にはないとしか言いようがない。ゆえにその確かめもなく、ただ文字づらだけで「自覚的事実」と言っている。それでは、「空しく過ぐる」だけの「生の相」であって、「流転輪回もきわもなし　苦海の沈淪いかがせん」（『正像末和讃』、聖典五〇四頁）と言われているように、「流転輪廻のわれら」は苦海に沈淪するだけであろう。どのようにしてそのような衆生のうえに大悲の回向心が実現するというのか。その点については、小谷は衆生のうえにはたらくのであるからそれは衆生のものであると解しているだけである。とんでもない錯覚ではないか。しかも続いて、

そうすれば、それは衆生が浄土往生へと歩む生の姿をとり、浄土から還来する生の姿をとって実現されなければ意味がないからである。（『親鸞の還相回向論』一三〇頁）

とし、そこから穢土へ還来する衆生のこととなっている。いわば直前で確かめた「流転輪廻のわれら」という自覚的認識は完全に欠けている。ゆえに果てしない闇の中に沈淪しているわれわれ衆生の現実は無視される。その痛みが問われることはない。つまり、自らを「俎上にのせる」ことはなく、他人事としての主張の連続である。そのために、すべて「机上の空論」になっている。ただの幻想に迷惑しているだけである。

第一節　「回向心を回向する願心とすること」について

ここで問われている「欲生心」について、

欲生は、第十八願において衆生の中に起こすことが誓われている心である。

（同前一三三頁）

と言う。第十八願は本願の中心であることは言うまでもないが、

自力の衆生には、（中略）回向し得るような思いを具えた心が起こることはあり得ない。（中略）その回施された欲生心こそ、衆生における回向心である。それは、如来の大悲心と異なるものではない（中略）その回向心は如来によって衆生に回向された心として、衆生の側にある心として説かれており、如来の回向する願心でないことは明らかである。

（同前）

と言う。この論旨が矛盾しているのである。つまり、自力の衆生として生きるしかないわれわれであることは確かにその通りであるが、その衆生に対して回向された欲生心が「衆生における回向心である」、「衆生の側にある心」であるとの主張になっている。この点についての疑義である。そのような事柄を、宗祖がこの釈で述べているとは言えないであろう。

しかるに微塵界の有情、煩悩海に流転し、生死海に漂没して、真実の回向心なし、清浄の回向心なし。

（『教行信証』「信巻」、聖典二三二頁）

と言われる。それが祖師の自覚である。その意味を正確に受け止めていないのではないか。その確かめもなしに勝手な解釈を行っているように見える。

すなわち、ここでの「不回向と名づくるなり」（同前）というのは、われわれ底下の凡愚には回向心など成立しないという反省においてのことである。ゆえにその衆生に如来が回向心を「回施」されたのである。したがって、「衆生に回向心がある」と言うのは、回施された回向心があるということであって、煩悩海に流転している凡愚には回向心など露ほどもないということである。その自覚において衆生のうえにかろうじて成就したのが如来の回向心である。

寺川の言っていることは厳しい自己省察を通してのことである。次の文章からは強烈な感銘を与えられた。

> 厳粛な実人生を視野に入れない二種回向論は、親鸞聖人の二種回向の知見に十分にかなうとはいえないのではないか（中略）信念の確立をえてなお、人は苦悩しなければなりません。（中略）人は「さるべき業縁のもよおし」によって、死を思うほどの深い苦悶に沈まなければならない時をもつのです。そこに凡夫の面目が、美化しようもなく曝け出されます。そのような凡夫である〈私〉が、教化しようとする意識をこえて自由自在に菩薩の行である還相利他の行を行ずる主体で、ほんとうにありえるのでしょうか。
>
> （『親鸞の信のダイナミックス』六八頁）

第二節　「二種回向を現生において実現すべきものとすること」について

「回向心」を「回向の願心」として如来の側の心として理解しなければならないとする誤解

（『親鸞の還相回向論』一三六頁）

から始まって、

「衆生の生の相」を説く二種回向の理解は過ちであるとする寺川師の誤解を生み出したものと考えられる。

（同前一三七頁）

となる。この論調は最後まで続くが、「衆生の生の相」と「二種回向」とは混同すべきではないというのが香月院等の言うところであった。

また往相還相と云うは、衆生の方にあることなり。往相の往は、往生浄土のことで、娑婆に於いて信心をえて、浄土に往生して涅槃をさとる迄が往相なり。また還相の還は、還来穢国の義なり。浄土から穢土にたちかえり、あらゆる衆生を済度するなり。（中略）その還相も往相も、凡夫自力の企ては少しもなく、みな如来の方からの回向じゃということで、往相回向還相回向と云う。然れば、往還二相は衆生に約して名を得るなり。回向の言は弥陀に約して、衆生が娑婆より浄土に往生する往相も、浄土から立ち還りて、衆生を済度する還相も、皆な弥陀の他力回向なり。それを二種の回向と云う。

（『教行信証講義』第一、二四四頁）

というのが再度引用する一例である。一見してわかるが、衆生の領域と如来の領域とは明確に分けられている。その根拠は、憬興師の『述文賛』の次の説を依用するからである。

如来の広説に二あり。初めには広く如来浄土の因果、すなわち所行・所成を説きたまえるなり。後には広く衆生往生の因果、すなわち所摂・所益を顕したまえるなり。

（聖典一八二頁）

この文に依って前述したように、祖師も諸講師も『大経』を上巻は「如来浄土の因果」、下巻は「衆生往生の因果」に分けて見るというのが真宗教義の基本である。したがって香月院も、

今浄土真宗によって教相を述ぶるときは、往還の二回向、教行信証の四法、これで一代教を蔵め尽すなり。（中略）回向と云うは如来の方から施与し給うが回向なり。

（『教行信証講義』第一、二四三頁）

と言うのである。ゆえに、

寺川師は、二種の回向を衆生の生の相とは見ないで、（中略）二種の回向のはたらきによって恵まれる教行信証という四法のうえに見るべきだといわれる。

（『親鸞の還相回向論』一三八頁）

のは、この基本的な真宗の視点で言っていることである。

また、証について、

最後の真実証、これはもちろん（中略）究極的な無上涅槃の証りというべきものでしょうが、（中

略）むしろ真実信心のはたらきによって現生に正定聚に住し、「必ず滅度に至る」「大般涅槃無上の大道」に立った人生の歩みを、真実証として明らかにしようとするところに、聖人の独自の了解があるように思われるのです。

（『親鸞の信のダイナミックス』八一頁・『親鸞の還相回向論』一三八頁に引用）

と寺川は説く。それについて小谷は、

回向心を、衆生の生の相においてではなく、如来の回向の願心として解釈した帰結である。したがってそこには、親鸞には「臨終の一念の夕べ、大般涅槃を超証する」とされる大般涅槃のさとりは認められず、また、浄土往生に止まることなく、如来から回向された衆生済度に向かっての歩みを示す、「衆生の生の相」としての還相行も認められない。

（『親鸞の還相回向論』一三八〜一三九頁）

と言うが、これは当然のことである。つまり、流転しつつある「衆生の生の相」とは異質な、如来の回向の願心になるので、両者は別である。「大般涅槃無上の大道」は、そこに「立った人の歩み」において証明されている。

ちなみに、臨終の「一念」について補足すれば、

おおよそ往相回向の行信について、行にすなわち一念あり、また信に一念あり。行の一念と言うは、いわく称名の遍数について、選択易行の至極を顕開す。（『教行信証』「行巻」、聖典一九一頁）

の一念に通じている。「臨終」にのみ捉われてその深い意味を察知できない状態に執する考え方は正されなければならない。
そもそも迷える衆生の相と「さとり」である如来の回向の願心とは異質であった。そのような関係にあるために、単純な野合として結びつくものではない。すでに多少述べたように血みどろの格闘としか言いようのない惨憺たる軋轢を通しての関わりである。安直な関係ではないのである。
ところが、ここで小谷は、
奇妙に思われるのは、曽我師が自己の還相について、「涅槃の大用たる還相の利他教化は遠き未来の理想であろうと思いきや」と述べるに止めて、（中略）曽我師自身が浄土からこの世に還来して、有縁の人々への利他教化に向かわなければならないことを示唆する「還相回向」の教説の第一の側面に対しては、何も語られないことである。（『親鸞の還相回向論』一四一〜一四二頁）
と言う。この点についての疑義については詳細な検討が求められるので後にゆずる。
今ここで要点のみを言えば、浄土に往生した者はそれに続いて穢土に還来するというのは『真宗辞典』の解説文に書いてある世俗的常識の言うところであって、宗祖をはじめとして、釈尊以来七祖の流れを背景としている曽我の還相回向観ではない。真実の報土を願生する歩みの生を賜った行者には、願生道を歩むだけで十分であって、そのことが可能となった師父の教によって還相回向の恩徳に出遇えたことを喜ぶとの意味である。大涅槃の大道が成就していることは、その一事において成就すると感招したのが曽我である。

第三節　「二種回向」説への疑問

次に確かめたいのは、久遠劫来の悪業煩悩の種子を背負って生きているのが底下の凡愚としての自分であった。その事実を自ら覚知することは容易なことではないことは再々述べた。しかし、そのまま放置しておいて許されるものでもない。どうにかして自らの底知れぬ闇の正体を見定める必要があるであろう。その視点から寺川説を手がかりに確かめる。

如来の還相回向の恩徳を衆生の上に現前するものは、〈背後から自己を発遣する師の教え〉にほかならない（中略）この師の教えとの出遇いの恩徳に十分思いをいたさないで、本願の仏道の根拠である二種回向を理解したために、〈私〉が往生浄土し、また〈私〉が還来穢国すると理解する通説の多くが陥った、いわゆる〈二相論〉も生まれてきたのではないかと考えます。

（『親鸞の信のダイナミックス』二八二〜二八四頁）

とある。小谷はこの文を引用して、

寺川師は、還相回向の利他教化の益とは、「私」が浄土に往生し「私」が還来穢国する（中略）という「衆生の生の相」を物語るのではないと主張される

（『親鸞の還相回向論』一四三頁）

とし、それは寺川が曽我の還相回向論に依っているためだと断定する。そして、信心を得た衆生が「金剛心の行人」となり、大涅槃を超証して、「普賢の行」を行ずるという姿を、「自己において」語ることを到底無理なことと否定しているとして、以下の寺川の文を紹介（同前）する。

（同前一四四頁）

もしこのことを自己において語るならば、理論上は考えられないことはありませんけれども、どんなに謙虚にそれを語っても、結局は自分に〈還相行〉の主体をみるのですから、自分を如来の還相回向の願に乗じて開化衆生の仏事を行ずる、「浄土の菩薩」と主張することになります。到底無理であり、聖人の了解にかなっているとは考えられません。

（『親鸞の信のダイナミックス』三〇四頁）

この寺川説に対して小谷は、

「私ども」が、無上涅槃を証得し、還来して衆生救済に趣くということこそ、親鸞が還相回向を（中略）語って、それが凡夫往生の目指すものであると語ったことである。凡夫である「私ども」こそが仏になることが、大乗仏教の目標であり、仏になることに安住せずに還相することが、浄土真宗の目標である。寺川師の（中略）見解は大乗仏教の精神にも適わず、親鸞の思想にもとうてい適うものとは考えられない。

（『親鸞の還相回向論』一四四～一四五頁）

と言う。

堂々たる立論である。一見しただけではそれなりの論旨は示されているように見える。ところがこの主張には本人も気づいていない重大な欠陥が潜んでいる。その点を指摘すると、小谷説は見事な「二相論」になっていて「衆生の生の相」を往・還二相と見るために「二種の回向」という視点が欠けてしまっているのである。したがって、具体的な相としてのわれわれの現実の厳しい事実を直視することがない。そのために、曽我の示唆によってこの問題を考えている寺川説の意味を読み取れなくなっている。

われわれの「厳しい現実」というのは曽我の言う「現行」であって、一瞬の停滞もなく流れていく暴流である。仏教の基本で言えば「諸行無常」であり、大乗の唯識で言えば「恒転如暴流」である。その流れの中で浮遊しながら、過・現・未の三世に自性を立てる。そして「私」は変わらないという幻想に酔ってしまう。それがわれわれ「衆生」の現実である。変わることのない「我」とあらゆるものすべてを固定化して対象としか見ない。生きているとは流れていることであるから、その流れにおいてでしか生きられないのが衆生である。その無常の事実を固定化する。その見方しかできなくなる。そうなれば、すべては死骸になる。見せかけだけに捉われて、ほんとうの生命力が涸渇する。

その誤りに気づいて、生きている「いのち」そのものにおいてすべてを感知された。それが宗祖であり、曽我であった。その方法に気づくことができずに、理知の観念化によってすべてを絵空事にする。どんな絵でも画くことはできるから、実在しないものでも人間の理想として画くことはできる。

よく知られているアニメの世界などがその一例である。

その夢から醒める必要がある。醒めるための方法が「二種の回向」であるというのが寺川説である。「二相」から解放されて「二種」に転換すれば、「金剛心の行人」として生きる歩みを賜ることになる。その場合、二種の回向の重要なポイントになっているのが、回心と関わる「転」である。

寺川は言う。

この〈回心懺悔〉において真実功徳を自証する心は、その無始已来の、穢悪汚染・虚仮諂偽の身に即して、その虚妄の生を転じて真実に依って生きるものとすべく、真実功徳を回施して止まない法蔵菩薩の至心の願心、すなわち真実心のはたらきがはたらき続けていることを、はじめて深く深く自覚するのであります。（『親鸞の信のダイナミックス』一七五頁）

衆生の存在を無始已来の暗い流転の中にとどまらせる、すなわち無明の闇の中に流転させるのは、その生存の暗い深みに、「自力の心」すなわち〈我執〉がひそむからである。これが仏教の智慧が見破った、流転する生《いのち》の秘密でした。その暗い自力の執心が「ひるがえしすてられる」、この驚くべきできごとがいま起きた。これが回心の体験でしょう。この回心において流転する生《いのち》は転ぜられて、回施された真実功徳に立つ新しい生が、そこに恵まれたのです。（同前一八七頁）

この文に対照して小谷説を見ると、「宗祖の目指しているところ」が「二相論」であり、「凡夫である「私ども」こそが（中略）仏になることに安住せずに還相することが、浄土真宗の目標である」

（『親鸞の還相回向論』一四五頁）として寺川説を批判している。この見解は、目に余る判断の誤りであると思われる。つまり、果てしなく流転をくり返すだけで「空しく過ぐる」だけの何の意味もない人生に埋没しているのがわれわれ「凡夫」である。その「私ども」こそが、還相するというのであるから、「身のほど知らず」も度が過ぎることになるのである。しかもその状態にある衆生を救うために死後の浄土があり、優しい阿弥陀如来がいらっしゃるということになっている。まさに実在しない浄土を画き、だらしのない無気力そのものの観念論者を阿弥陀如来は助けると主張しているように思われる。

以上の説をすべて自己反省として見直すことにすると、五逆罪を犯すものとして本願から排除される自分に気づかされる。その事実を見失って、他人事としてしかものを見ることができなくなっている自己の無惨な相である。

往・還二相をどう見るべきかについては、寺川の指摘によってほぼ大要は明らかになった。しかし、還相回向についての曽我の解釈の独自性についてはこれから確かめなければならない。曽我の説は誰もが言うように難解ではある。その点を踏まえながら、その急所を探ることにしたい。難問を解決するための手がかりが得られるかもしれないからである。曽我の文章を見ると、「体験の教証」は、われわれに好個のいとぐちを与えてくれる。

往還二回向についての小谷説で、その特徴を示す典型的な例は、次の箇所となろう。まず「曽我師独自の二種回向に対する見解」（同前一六〇頁）として、「真実教と方便教が全く同一体である」という曽我説は理解できるとし、それによって、

教行信証の教である「師父の教」を還相回向として捉えようとする　（同前）

場合に、

還相の利他教化は遠き未来の理想であろうと思いきや、現に自己の背後の師父の発遣の声の上に、已に実現せられてある。（「自己の還相回向と聖教」、『曽我量深選集』巻三、一五六頁）

の文に承服できないことが強調されている。いわば、この表現は「抽象的な表現」であって、二回向が他力回向された教という点からすれば、往相の教と還相の教とは「全く一体」であるとする「本質論によって述べられているだけで、それが現実的にどのように同一であるのかは明らかにされていない」（『親鸞の還相回向論』一六〇頁）と言う。そして、

曽我師が、還相を、命終後の浄土から穢国への還来という未来の事としてではなく、（中略）現在の事として了解しようとされていることは理解できる。けれども、なぜ「遠き未来の理想であろう」と思われた還相が、現に自己の背後の師父の発遣の声のうえに已に実現せられてあると、曽我師は了解されるのか。そのことに関する曽我師の説明は、はっきりとしない。
（同前一六〇頁）

との疑問を呈する。

そこでそれらの論点について私なりの所見を述べる。まず確かめておきたいのは曽我はどこに立って自らの思索を深めているのか。その点が曖昧なままでは「自己の背後の師父の発遣の声のうえに已に実現せられてある」とすることに「説明ははっきりとしない」のは当然である。その主題こそ問題だからである。

すなわち、曽我が往還二回向について明らかにしようとしている立場は、自らの全体を賭けての祖師との値遇である。ところが私たちは「日ごろのこころ」での日常的な認知しかできない。そのために、時として判断を誤るのである。自分の分別のはたらきは常に正しいと即断しているからである。常識といわれる一般的なものの見方にも、欠陥があると言わねばならない。しかもそのことに気づくことは甚だ困難である。真の判断の基準になるものは実在しているのに、一般的通念はその事実に気づかないことが多い。一例を示せば、誰でも拝読している「弥陀成仏のこのかたは……」の五首目にある「畢竟依」である。その意味を本当に理解している人は少ないのではないか。畢竟依は究極の依り処である。ゆえにそのはたらきが認められれば問題は解決するはずである。ところがそうはいかない現実がある。祖師の成就された「浄土の真宗」においても同じことが起こるのである。曽我は言う。

わが往相還相の解釈を読み、すべて現在の自己を離れて、漠然として聖教を読み、軽々しく聖典の文字を見る時は、或は驚異の念を起すであろう。（中略）往相と云い、還相と云うは共に現実に生動しつゝある所の自己を起点としての言語ではないか、（中略）これ則ち深い強い自覚のありのままの二相である。是往還二相の客観化が、招喚発遣である。還相を、遠く理想の彼岸に空想する如きは、回向の文字を読まず、口には願力回向を云いながら、意には何時の間にやら自力の回向を混乱するからである。（中略）夫故に徒に自己を卑下して、還相回向を遠き未来の浄土の彼岸に置かんとするのである。回向は如来の現実的表現ではないか。何故に如来の願力の表現を卑下し拒否せんと欲するのか。（中略）何故に独り還相を遠き他人の相とするや。我々は厳粛に体験の教眼を開いて、二回向特に還相回向の文字を使用せよ。（中略）多くの場合無自覚に使用して、この回向を衆生対衆生関係に使用して居ることは、悲しむべきである。古来学者の講説を読むにこの常識的無自覚的に使用せられざる場合の甚だ稀なるは奇怪の極みである。

（「体験の教証」、『曽我量深選集』巻三、二二七頁）

以上の文章に触れて、自分の肺腑をえぐられるような衝撃を受けたのは私だけであろうか。宗祖の言に共通するような自己反省の聖句であることは感じ取れた。しかし、それにしても厳しい問いかけである。客観化するという「コトバ」によってすべてを他人事にしてしまう傾向は人間の通則であった。「他人の片腕を切り下した痛みよりも、自分の小指にささった刺の方が痛い」との俚諺を聞いたことがある。すべてが口先だけになって、その事実の語っている身をかけての痛みを感ずることができなくなってしまう。六道の輪廻の中をさまよい続ける人間の業は、事柄を単純化してその表面を見るだけでは解決できない壁があるのではないか。わかったつもりになっているだけの理知の分別では対応できることではない。厳しく問いかけてくるその招喚の声に呼びさまされなければならない。その方途をどのようにして獲得すればいいのか。この問いの重さにはただごとならざる力が潜んでいるように思われる。

浄土教の通常の見方は、法然門下の逸材たちによって明らかにされていた。しかしその中でただ一人、その常識を破って、通常では考えられない「真」の「宗」を明らかにしたのが宗祖であった。したがって、聖典として私たちの目前に残されている「親鸞」のコトバは尋常ならざる文言で溢れているのである。その祖師との出遇いによって触発されたのが曽我独特の文章である。

「遠き未来の理想であろうと思いきや、現に自己の背後の師父の発遣の声の上に、已に実現せられてある」について、小谷は「なぜ「遠き未来の理想であろう」と思われた還相が、現に自己の背後の師父の発遣の声のうえに已に実現せられてある」というような往相の教と還相の教とは「全く一体」であるとする「本質論によって述べられているだけ」の「抽象的な表現」と見て、この説には賛成できないと言う。ところが、抽象的に見ているのは論者であって、曽我のいうところは具体的である。

往相の教と還相の教とは「全く一体」であるとする本質論によって述べられているだけなら「抽象的な表現」に見えることもあるであろう。しかしこの往・還二相の意味するところは単純ではないのである。「二種の教が全く「同一体」であるとする本質論によって述べられているだけで、それが現実的にどのように同一であるかは明らかにされていない」と解した小谷は致命的なミスを犯したことになる。つまり、『論註』の言う「非常の言は常人の耳に入らず」（聖典二八七頁）に当たるからである。ここでの「常人」は「日ごろのこころ」（『歎異抄』、聖典六三七頁）の一般人である。ゆえに、常識論でしかものを見ないところでは、筋違いも甚だしい論理になってしまうのである。

ちょうど、「曽我量深師の還相回向の理解」（『親鸞の還相回向論』一五二頁）の項があるので、曽我の言うところについて問題点を検討する。

われわれが通常依り処にしてものを考えているのは通常の判断力である「日ごろのこころ」であるが、唯識では「第六意識」である。この常識論の欠陥は次の文からもはっきり読み取れる。

曽我師の信奉者のどれ程の人がこのような曖昧模糊とした文章を理解し得るのであろうか。（中略）それを「信仰」と称しているとしか思えない。（同前一六五頁）

と言う。「曖昧模糊とした文章」というのは、虚妄の認知力だけの判断とも言える。常識的に見るとそう見えると言うにすぎない。「回向表現」の文章についても「難解で理解が困難」であると言う。しかしここにも簡単に片づけるべきでない問題も含まれている。「難思議往生」はその一例である。「本願が信を回向する」という特殊な表現も、単純な発想ではわからないであろう。だが、それは「日ごろ本願他力真宗をしらざるひと」（『歎異抄』、聖典六三七頁）だからではないか。「弥陀の智慧をたまわりて、（中略）本願をたのみまいらせ」（同前）すれば、本願と信との関係は了解できるのではないか。

ゆえに、ここでの彼の言は、私の場合にも当てはまると思えたので、その立場で見ることにした。するると思いもかけない問題点に気づくことができた。続いて言われている、

ただ自分が感覚的直感的に理解したと思い込んでいるにすぎない了解の中に安らぎを得て、それを「信仰」と称しているとしか思えない。（『親鸞の還相回向論』一六五頁）

という彼の判断の意味がよくわかったのである。

そこではっきりしたのは、「曖昧模糊」ということが最大の欠陥であるという認識のもとでの非難になっている点である。ところが私の場合には逆に、非常に重要な示唆が私たちの日常的あり方についてなされている可能性を感知できたのであった。

そもそも決めたくても決めようのない状況の中でわれわれは生きている。にもかかわらず、簡単に決められると思い込んでいる。そのようにして安心していることの方がよほど危険である。前著で詳しく説明したことであるが、決められるのはデジタル化された抽象の世界であって、そのもとになっている流れそのものとしての生きている事実のアナログの領域では、固定化などできないからである。その意味が「曖昧」と言われる状態のところに少しでもあるとすれば、ただ嫌悪する必要はなくなるであろう。どんなに嫌だと言ってみたところで、生きていることがそうなのであるから、その事実を認めないことの方がおかしいことになる。単なる独善にふけっているにすぎない理知の虚妄分別だけで、どうして安らぎになるであろうか。

一見恵まれているように見える王宮生活から出家するしかなかったゴータマ・シッダールタの苦悩に関係していることは一目瞭然だと思われる。曖昧なところを無理に抽象して安心するのではない。そのままにしておいてそれに対処する。その方法を自分自身の自覚において解決したのがブッダの「さとり」ではなかったのか。

観念化された抽象的な説は、仏教の根本的な視点を見失った、全く虚妄の認知現象になると思われる。「感覚的直感的に理解したと思い込んでいる」と言う彼の評言は、曽我の言う「感識」、「感招」などの用語に対する理解なのであろう。だがこの断定は、真宗の基本的な視点を欠いた誤りになりかねない。「頭で考えたのではなく、自らの全身において感覚した」という曽我の経験の事実の意味を理解していないからである。言うまでもなく、頭脳がすばらしい機能を持っていることは明らかである。だが、生きている肉体の全体からみれば「部分」にすぎない。その部分に属するものが、全体を支配することなどありえないであろう。曲解されたにすぎない、「安らぎを得て、それを「信仰」と称している」という判断も誤認の最たるものである。『親鸞の還相回向論』の書名に即して言えば、「真宗」としての真実の「信心」とは完全に異なっている。そこから逸脱した、一般的な「信仰」のレベルに取り込まれているのではないか。自らの幼稚さを万人の前にさらけ出してしまうことになりかねない。「体験できる世界」でなければ、還相回向にはならないのである。

その点から見ても、曽我の己証である「如来は我也」には重大な意味が含まれている。『暴風駛雨』

（『曽我量深選集』巻四）の一項（第一〇五項）になっているほどである。曽我は言う。

我等は「如来は我也」の妙旨に驚くと共に、「我は畢竟我にして如来に非ず」と自覚す。我等は久遠劫来単なる我を我と呼び、現実の自己を高慢にも如来となしき。此れ則ち自性唯心に沈むものである。（中略）

今や、自己を自己とすると共に如来を自己とし、自己を仏凡一体の霊体とし、如来の真心なる帰命の信念を呼んで自我となすの幸栄を感ず。（『暴風駛雨』、『曽我量深選集』巻四、三四〇頁）

とある。「単なる我を我」とするのでない。「自己を自己とすると共に如来を自己」とする。「仏凡一体の霊体」である自己の妙旨に驚いたとの意である。

我は如来を我と呼んで之を主観に包み、又如来を汝と呼んで此が光明に包まる。慶喜の極也。（同前三四一頁）

ともある。「我は、如来に非ず」の自覚における感得である。この表白には感じるところがあった。この事実に関する懐旧も参考になる。

この極限概念は我々が如来を知る唯一の契機である。如来が我に現わるゝ唯一の理由である。回顧すれば明治四十五年の七月「我は我なり、如来は我なり、されど我は如来に非ず」と叫んだ語の意義は今更に深く感ぜしめられる。（「自証の三願について」、『曽我量深選集』巻四、六四頁）

また、「仏心凡心一体の幽旨を問われて」（『暴風駛雨』第一〇六項）の文も「仏凡一体の霊体」に関連して興味深い。

今夏東北の道友と加賀に会せし時、談偶々仏凡一体の教旨に及ぶ。余は「如来は我也」の一句を以てす。道友は是れ余りに概念的なれぱと云われければ、「如来は我となりて我を救い給う」と書きて贈りぬ。

（同前三四一頁）

というのが、この語の生み出された経過である。

この点を補説するのは、『曽我教学』（水島見一編、方丈堂出版、「曽我量深における唯識教学」二九一頁）で紹介した、次の記述である。

惟うに大自然の如来は現実界に於て二面に表現する。それは内界に影現し、外界に応現する。唯この二つのみ現実である。影現するものは自我の根本的主観であり、応現するものは自我主観の前に厳然として立って叫ぶ所の教の声である。この教の声の背後に静に声を默聴する所の主観、あゝそれこそ内界影現の真実の救主である。もしそれ此二者の直接の感応の外に第三の如来を立てんとする如きは、正しく理想と現実と混同し、表現せざる本体的如来を信の対象とするものである。此れは偶像崇拝の迷信である。

（「影現の国と応現の国」、『曽我量深選集』巻三、二九五～二九六頁）

この文は影現と応現についての結論になる。ここには重要な思索の跡が見られる。しかし前稿ではその点に気づかなかったので、私なりの受け止め方もできていない。この機会に納得できるところを整理する。

まず、次の文に注意を引かれた。

釈尊は深く彼自ら無明の暗夜の自我を内観して、その久遠の法爾の大主観である所の、法蔵菩薩の体験を暗示せられたものである。彼れ已にこの大主観の識蔵を内観し、その内実なる無数の諸仏の名号を観ぜるや、直にそれを現行して、十方衆生を地上に発遣せずんば止まぬのである。

（同前二八七〜二八八頁）

「無明の暗夜の自我」は前著ですでに見た「真我のアラヤ識」を連想させる。その自我を内観しているのは「久遠の法爾の大主観」である「法蔵菩薩」である。「大主観の識蔵を内観」するというのであるから、アラヤ識の体験を暗示しているのであろう。その「内実なる無数の諸仏の名号」とは、第十七願の「諸仏称名」についての論考だからである。それを唯識の立場で掘り起こしているのである。いずれにしても、ここでの主題は識蔵の内容である種子になる。それが現行して、十方衆生を地上において発遣しようとするのである。発遣は二河白道の東岸における釈尊のうながしのことである。

次いで、

応現の仏陀なる釈尊が「自我」と称するものは決して刹那的な我でなくして、刹那を超越して、内に永久に影現する所の現実の主観を示すものでなくてはならぬではないか。彼が末法に発遣する所の上行等の無数の地涌の菩薩なるものは、彼の根本的願心の世界に於ける無量の諸仏の名号

を暗示するものでなくてはならぬ。（同前二八八頁）

と言う。

この指摘の意図からは、並々ならぬ示唆を得た。つまり、応身仏である釈尊の「自我」について問うているからである。諸法の「無我」を悟られたその人の「自我」である。それは「刹那的な我」ではなくして、「刹那を超越して」いる「我」になる。私の理解では、いわゆる衆生としての空しい流転をくり返すだけの我が刹那滅の我である。その六道を超えたのが仏陀の「さとり」であった。その主体が仏陀の覚証なので刹那の超越になると言うのである。その我は自覚・自証という内観によって到達したので、自己の内面に「永久に影現する所の現実の主観を示すもの」でなければならないと言うのである。仏陀が実際に体験した現実の主観の事実のことであるが、それは固定化された観念としての実体ではない。影のように現れている仮のあり方でありつつ、永続性をゆるぎなく保っているとの意である。

したがって、『法華経』に登場する上行菩薩等の無数の菩薩たちも、仏陀の「根本的願心の世界に於ける無量の諸仏の名号」を暗示していると解する。『無量寿経』の立場で上行菩薩を見ているので、諸仏の名号が発遣となり、また招喚になって私たちに関わってくるのである。

次に注目させられたのは、

親鸞の絶叫は唯二句でつきる。曰く「念仏は唯一の人生の事実である、衆生利益は全く理想であ

（同前二九三頁）

る」と。

であった。「ただ念仏して」（『歎異抄』、聖典六二七頁）、「ただ念仏のみぞまことにておわします」（同前六四一頁）等、よく目にする聖句であるが、それが宗祖の「絶叫」であると感じ取ることは誰にでもできることではない。その読み込みのすさまじさには驚くよりないが、「唯一の人生の事実」と断定できる裏づけがあってのことと思われる。

「衆生利益」が私たちに可能であるという思い込みは、ここで徹底的に粉砕されている。根拠のない理想を振り回して、あたかも自分にできるという妄想に酔っているだけである。見苦しい実態を示しているにすぎない。

ここで、この項の結論に当たる「影現と応現」について要約する。最初に「大自然の如来」とあるのは、「自然法爾」に「大」を付して、その底知れなさを示している。それが「如来」である。その如来が現実界に現れる場合の二面を「表現」と言う。「内界に影現し、外界に応現する」とあるが、内と外は峻別されている。いずれにしても「この二つのみ現実」であって、それ以外は虚妄の分別の造り出した幻覚となる。

その現実に即して言えば、「影現するもの」は「自我の根本主観」であり、「応現するもの」はその「主観の前に厳然として立って叫ぶ所の教の声」だと言う。「教えの声」が具体的に私たちの前に立って叫んでいる「教言」になる。その「声の背後に静に声を黙聴する所の主観、あゝそれこそ内界影現の真実の救主である」とある。

かなり難解である。応現している教言の声を黙聴している主観とは、自覚・自証する主体のことと思われるが、「真実の救主」が実際に私たちを救うのであり、しかも主観もしくは主体と言われていても、絶対者のような実体ではない。あくまでも影現しているにすぎないのである。摑みどころのないあり方である。ゆえに、「此二者の直接の感応の外に第三の如来を立てんとする如きは」理想と現実とを混同しているからであって、「表現せざる本体的如来を信の対象とするものである」となる。つまり、表現にならない法身とか法性が本体的如来であると考えると、それは硬直した実体としての如来になって、恣意的に決め込んでしまった死体となってしまうのである。それでは、真に生きたはたらきとして衆生を済度する力を発起することはできない。ただの抽象論だと言うのである。「此れは偶像崇拝の迷信である」と言うのは見事な結論だと思われた。

ゆえに真の意味での還相回向が理解できない場合には、「無碍光仏としめしてぞ　安養界に影現する」（『浄土和讃』、聖典四八六頁）と「釈迦牟尼仏としめしてぞ　迦耶城には応現する」（同前）の違いがわからないことになる。「大聖易往とときたまう　浄土をうたがう衆生をば　無眼人とぞなづけたる　無耳人とぞのべたまう」（同前四八六～四八七頁）である。世尊は「易往」と説いているのに、往くひとはいないという。「見れども見えず、聞けども聞こえず」だからである。この点はすでにいく度も論じた。いわゆる肉眼で見るのではなく、慧眼で見る方法であり、耳で聞くのでなく毛孔で全体的に感知する感識でなければならないのである。このことが理解できないと、何の意味もない幻想になる。これほどの悲劇はない。

第四節　如よりの来生

「証巻」御自釈の、

> 実相はすなわちこれ法性なり。法性はすなわちこれ真如なり。真如はすなわちこれ一如なり。しかれば弥陀如来は如より来生して、報・応・化種種の身を示し現わしたまうなり。
>
> （『教行信証』「証巻」、聖典二八〇頁）

について、『親鸞の還相回向論』において小谷は真宗の宗学上稀に見る珍説を展開しているので、本節においてそれを検討する。

小谷は、

> 「証巻」に、それまでは衆生の証について語っていたのに、突如として弥陀が如より来生した仏である（中略）と述べる文章が、なぜ挿入されたのか
>
> （『親鸞の還相回向論』一四六頁）

とし、円乗院の説を根拠に、

「弥陀如来は如より来生して報・応・化なる種々の身を示現したもうなり」の語が、如来が種々

の身を示現することを滅度の益として述べることを意図するのではなく、衆生が如来と同様に種々の身を示現することを滅度の益として得ることを述べることを意図するものである

（同前一〇九頁）

と言い、そして、

利他教化地の益が「この身」と呼ばれていることも、還相回向において「報応化なる種々身を示現する」者が弥陀ではなく衆生（浄土の菩薩）であることが示されることをも確認した。

（同前一四七頁）

と言う。

ところで、ここで「衆生が如来と同様に」報・応・化の身を示すことができるとしているが、その点について確かめなければならない問題が生じてきた。つまり、「衆生」と言われているのはどのような衆生のことなのか。「底下の凡愚」とか「流転輪回もきわもなし」（聖典五〇四頁）という迷いの中に沈んでいる衆生も現に生きている衆生である。ゆえにその衆生のことなのか。そうでない衆生のことなのか。その点ははっきりすべきであろう。ところが小谷は、

大経下に浄土の菩薩の徳を嘆じて、菩薩従如来生等とあり。従如来と読む事もあれども、祖は如よりと読み給う也。如とは上の一如なり真如なり法性なり実相なり。経文は浄土の菩薩を嘆じて如より来生とあり。今は弥陀如来如より来生とあり。然れば主伴不二の徳をあらわすなり。念仏

行者願力の妙で往生すれば報応化種種身を示現する証りを開くなり。

（『教行信証講義』第七、一二三八頁・『親鸞の還相回向論』一〇八頁に引用）

という円乗院の文を論拠として引いているので、菩薩のことであると解している。だが、菩薩は衆生で括られるよりは如来に近いと言うべきではないか。引用文の「主伴不二の徳」で言えば「主」は如来、「伴」は菩薩の関係であって、六道の中を果てしなく輪廻していく「人間」でしかない衆生ではないであろう。迷える衆生のまま菩薩とは言えないのでないか。そこのところである。何の転換もなしに冥闇の中をさまよいつつある衆生が突如菩薩になったと言われているように思われる。そのように読めるが、どのようにして闇の中にいた衆生が……そのことが可能であると言うなら、衆生が菩薩に転じた根拠を示すべきでないか。何の説明もなしに……その点は曖昧なままに放置することはできないと思う。

また円乗院が「報応化なる種々の身を、阿弥陀如来の還相回向の姿と解する誤解を、次のように批判していた」（『親鸞の還相回向論』一四七頁）として、円乗院の次の文を引用する。

然るに末学にここは弥陀の還相回向を示すと云う。是あやまり也。往還の名は衆生に約する言にして往生浄土の辺は往相。還来穢国土人天の方では還相。ともに行者にかかりて仏へかからず。

（『教行信証講義』第七、一二四〇頁）

そして、

往相回向と還相回向とにおいて、浄土に往相する者も浄土から還相する者も衆生であって、仏ではないからだという。この語は回向の概念を正しく理解するうえで、極めて重要である。それが理解されなかったために、種々の誤解が生じることになった。（『親鸞の還相回向論』一一〇頁）

と解説し、

末学の誤解として示される「弥陀の還相回向」とは、弥陀が自ら種々の身となってあらわれることを、還相の回向と考えることを意味する。（同前一四八頁）

としている。

ところがこの一連の解釈によって、小谷説の誤りであることが証明されるのである。どういうことかと言えば、「弥陀が自ら種々の身となってあらわれることを還相の回向と考える」のが末学の誤解したところになっているからである。

まず小谷は円乗院の説を誤解している。円乗院が言っているのは、「往還の名は衆生に約する言にして（中略）ともに行者にかかりて仏へかからず」というところである。つまり、衆生の領域に関することなので、仏のはたらきに関することではないと言っているのである。つまり、往・還の二相と回向とは別のことであった。弥陀が回向の主体として衆生に自らの行を回向するということは、如来の領域におけることとして認められている。だからといって、往還の二相のところはわれわれ衆生の領域のことであることに変わりはない。

その根拠は「二回向四法」の項で検証した『述文讃』の『大経』解釈である。上巻は「如来浄土の因果」、下巻は「衆生往生の因果」とする基本的立場で円乗院が論じているからである。その違いを混同すべきではないのである。その差異は歴然としているために、両者の間には明確な結界がある。そのことに気づかなかったために小谷は奇妙な解釈をして「弥陀の還相回向」などと言う。これでは真宗教義の基本と言われる二回向と四法の関係がわかっていないことになる。したがって、如来は如より来生して報応化種々の身を示したまうということも、如来自身のあり方として当然のことである。そのようにして如来の方から衆生に応同することは成り立つのである。だが、現実に生きている「衆生の生の相」としての人間のあり方を『大経』の下巻に照らして確かめると、どうにも手の打ちようのない自分自身が浮かび上がってくると言うのである。

ゆえに「如来は衆生に還相の姿を回向する」ということで、「回向されて、その姿を示現するのは衆生である」と言ってみても、久遠劫来の流転を重ねているわれわれ衆生のどこに如来の回向を具体的な「姿」として示現している事実があるであろうか。ありもしない絵空事に騙されているだけでないか。ゆえに寺川が、「「私」や「衆生」に還相回向の徳の現前を見ようとする通説の見解を否定」（同前）するのは当然のことなのである。この寺川説に対して、

「応現身」を示現するのが、浄土に往生した「私」や「衆生」である（中略）還相回向において「報応化なる種々身を示現する」者が、如来ではなく衆生（浄土の菩薩）であることが明示され

ている　　　　　　　　　　　　　　　　　　　　　　　　　　　　　　　　　　　（同前一四九頁）

と言う。

ここではいつの間にか、生死の海に沈んでいる衆生が〈浄土の菩薩〉になっている。菩薩ならば還相回向も可能であろう。「普賢の徳に帰してこそ　穢国にかならず化するなれ」（聖典四八〇頁）の示すところである。それに対して苦悩の中をさまよい続けなければならない衆生が生死の流転のままで、どうして菩薩になれるというのであろうか。

ちなみにこの誤解は永く尾を引いて、われわれ流転の凡愚にすぎない衆生の本質に気づけないという最大の欠陥を示してしまう。そのために、衆生とは異なる仏の領域の菩薩が、衆生であるという説になってしまうのである。しかもそこに立って強引に自説を展開させることになる。迷える衆生が悟れる菩薩への転換を起こす可能性のあることは充分あるであろう。しかし、空転しているだけの凡夫の流転が、それを超えた仏の領域へどのようにして転換するか。そのきっかけを賜ることがなければ不可能であろう。それは「ただごと」ではない。『十地経』で言う「初歓喜地」の課題であり、『十住毘婆沙論』に詳説されている易行の問題である。そこにおける如来の世界との出遇いについて何の考察もなさずに、突如として「衆生（菩薩）」説を主張しているのでは、口先だけの陳腐な妄想を示しただけにはならないか。すなわち、

利他教化地の益が「この身」と呼ばれていることも、還相回向において「報応化なる種々身を示

現する」者が弥陀ではなく衆生（浄土の菩薩）であることが示されることをも確認した。

（『親鸞の還相回向論』一四七頁）

と言っているが、完全な誤認にしかならないと思う。土台が崩れてしまった自分勝手な思い込みを正当化して、他者の説をどれだけ批判しても何の説得力もないであろう。空論がダラダラと続いていくだけである。

以上の視点に立って小谷説を見ると、次のような主張の問題点も明らかになってくる。

「往相還相という名は行者の得る所に就いて立てる名なり。回向の名は仏に就く」とする、通説の往還二回向の理解の間違いでないことが示されている。

（同前一四八頁）

と言う。ここに言われている「通説の往還二回向」とは「如来の回向によって私が往生浄土し、また還来穢国する」（同前一六一頁）とする二種回向の通説のことである。ゆえに、そこに立って往還二相について述べる小谷説は、これまでに了解されてきた二種の回向とは別のものになる。

それゆえ、如来は衆生に還相の姿を回向するのである。回向する主体は如来である。そのことが「回向の名は仏に就く」といわれる。往相・還相を回向されて、その姿を示現するのは衆生である。そのことが「往相還相という名は行者の得る所に就いて立てる名なり」といわれる。それが往相回向と還相回向との正しい規定である。

（同前一四八頁）

と言う。

この説は完全な出鱈目である。「如来は衆生に還相の姿を回向する」とある。そのことを「回向の名は仏に就く」と解している。しかし、「宗に就きて大綱を標すと云う科文」（『教行信証講義』第一、二四二頁）としておさえられる文に対する円乗院の説で言えば、往還二相は衆生の分限において言われることで、如来のあり方についてならば領域が異なると見ている。それが「大綱」である。ゆえに往・還二相を回向されて衆生の姿を示すので、「行者の得る所に就いて立てる名なり」と言うのは、如来の因果と衆生の因果を混乱した誤認になるのである。

往・還の二相は迷いの状態からさとりのそれへ往生しようとする相と、そこから還来相についてのことで、二相とも行者のことである。ゆえに、

然れば往相還相と云う名は、行者の得る所に就て立つる名なり。回向の名は仏につく。（同前二三八頁）

と、円乗院は言うのである。また、

然れば回向の名は全く仏力にかけたまう故に、本願力回向（中略）是れが他力の回向のことわりなり。此の所が肝要なり。（同前）

と言われている。さらに、

回向の言は衆生にゆるさぬが祖師なり。（同前二四一頁）

とまで言う。回向は如来の為す行であって、衆生の関わることではない。衆生には衆生としての截然

たる分限がある。そのことに気づくのは並たいていのことではないのである。

そこでその点を改めて問い直すことにして、小谷説を見ることにする。

浄土に往生すれば仏となる。それゆえ「私」も「衆生」も応現身を示す徳を回向されて具えた「仏」となっているとするのが、当該の『教行信証』「証巻」とそれに対応する『文類聚鈔』で親鸞が述べていることである。

（『親鸞の還相回向論』一四九頁）

と言う。「浄土に往生すれば仏となる」と言うが、何を根拠にしてそのように断言しているのであろう。ただの予想にすぎない。しかも往生するはずの浄土は実在しない兎角や亀毛の可能性もある。真実の報土に往生することは「難中の難」である。一見しただけでは往き易いように思われるが、たどりつくものはほとんどいないと言われている。これは『大経』の重要な警告である。それを無視するように、いとも簡単に何の証拠もない説を「証巻」に宗祖が述べているという、あまりにも独善的な表現である。また、ユートピアとして予想しただけの浄土であるとすれば、結果は悲惨である。

そして、

通説では、「往相、還相というは衆生に属し、回向は弥陀如来の方に属する」と述べて、如来は回向する主体であり、衆生は回向されて往還の姿を示現する主体であるとして、「回向の主体」と「往還の姿を示現する主体」とを区別して、正しく把握している。

（同前）

と言う。

ここで問われる点は、如来は回向する主体なのに対して、「衆生は回向されて往還の姿を示現する主体である」と解しているところである。回向の主体は如来である。だからといって往還の二相を示す衆生が如来と同じく回向の主体であるなどという説は、真宗の教学上誰一人言っていないことである。衆生には往・還の二相があるだけである。衆生が回向の主体になるなどということはありえない。小谷説の異常さには目を見張るしかない。

次に円乗院についての説を確かめる。「弥陀如来従如来生」の語について、小谷は、

如来が種々の身を示現することを滅度の益として述べることを意図するのではなく、衆生が如来と同様に種々の身を示現することを滅度の益として得ることを述べることを意図するものである

（同前一〇九頁）

と言う。

この理解は誤りである。ここでの一如は如来自身のことである。衆生が如来と同じく種々の身を示現するなどと言っているのではない。如来自身の真如法性のはたらきを強調しているのである。

円乗院の以下の記述は参考になる。「今は弥陀のさとりを従如来生と。如は一如なり来生は生ずると云うこと」（『教行信証講義』第七、二二三八〜二二三九頁）と言い、

真如法性の城より利生の為めに此娑婆へ来生して、報応化身を示現し給う（中略）時これを爰へ挙げ給う祖意は、弥陀仏第十八の誓願を起し給うは何の為めぞや、此さとりに至らしめん為のみ。

（中略）況んや今日の凡夫豈無上涅槃を知らんや。依りて弥陀仏形を示現して無上涅槃で知らしむと。（中略）故に無上涅槃と申すは一実真如の理を悟了して、種種身を示現するを云うと。（中略）そこで然者とうける。（中略）無上涅槃と云うは云何なる者ぞなれば、定る形も無く定る色も無し。定る形あれば無上涅槃と云われぬ。定形無き事を知らせん為めに阿弥陀仏で知らせ給えり。

（同前二三九頁）

とあるからである。

続いて小谷は円乗院の次の文を引用する。

然るに末学にここは弥陀の還相回向を示すと云う。是あやまり也。往還の名は衆生に約する言にして往生浄土の辺は往相。還来穢国土人天の方では還相。ともに行者へかかりて仏へかからず。

（『教行信証講義』第七、二四〇頁・『親鸞の還相回向論』一〇九頁に引用）

そして以下の解釈を加える。

円乗院は、弥陀如来が如より来生して報・応・化なる種々の身を示現することを還相回向であるとする考えを、「あやまり」であるという。なぜなら、往相回向と還相回向とにおいて、浄土に往相する者も浄土から還相する者も衆生であって、仏ではないからだという。この語は回向の概念を正しく理解するうえで、極めて重要である。それが理解されなかったために、誤解が生じることになった。

（『親鸞の還相回向論』一一〇頁）

しかし、小谷説はここでピントが外れてしまっている。

円乗院が言っているのは、「一切衆生をして往生浄土せしめ、無上涅槃のさとりを開かせん為め故に、弥陀と現じ給う」(『教行信証講義』第七、二四〇頁)のであって、「終に選択の願海に帰せしめて穢身をすてはてて法性の常楽を証せしむると云うが序題門の意也」(同前)というところである。したがって、この御自釈で「弥陀如来」が「従如等と顕れ給うことといよいよ明かなり」(同前)と言うのである。

「然るに末学にここは弥陀の還相回向を示すと云う。是あやまり也」(同前)と言い、「爰は仏のさとりを顕す処なり」(同前)とある。衆生の往還二回向のことではないと言っているのである。それを誤読した「末学」が「回向の概念を正しく理解するうえで、極めて重要である」(『親鸞の還相回向論』一一〇頁)と強弁していることになる。

続いて述べられている円乗院の、『大乗義章』十八の「大涅槃」の「大」を解説しているところからは教えられるところが多かった。体・相・用の『起信論』の三大説との関係が明らかになるからである。

体大とは周遍法界の自性清浄の涅槃の事。相大とは方便涅槃の事で断惑して万徳を具足する処が相大なり。是を方便と云う。只今弥陀如来等と云う処は方便涅槃なり。一如と云う所は体大なり。用大は応化涅槃なり。利生の益の無尽なる所を用大と云う。是が示現種種身の処なり。

（『教行信証講義』第七、二四〇頁）

とある。

第五節　「曽我批判への反論」

前著でも多少ふれた、大正二年（一九一三）七月『精神界』に発表された「地上の救主」の「法蔵菩薩出現の意義」は、恐らく万人に共通する普遍的な課題になるのであろう。宗祖の言う「真宗」の原点であり、人間が真の意味で、

三悪道をのがれて、人間に生まるる事、大なるよろこびなり。（中略）人間に生まるる事をよろこぶべし。

（『横川法語』、聖典九六一頁）

を確かめられる可能性が生じてきた。

つまり、曽我によって明らかにされた大乗仏教の真髄としての「真宗」が、近・現代的自覚の視座に立って、どのような問いとの格闘を必要としたのか。祖師の苦悩と同じではないまでも「等し」（聖典二三〇頁）とは言える苦悶を通してのその戦いは、尋常ならざる生命の原理についての発見であった。

そこで、「地上の救主」の「如来我となりて我を救い給う」（『曽我量深選集』巻二、四〇八頁）という、

よく知られた曽我語について見ると、小谷説では、

如来が我を救うということは、如来が我となってあらわれること（表現）であり、それが如来が功徳を衆生に「回向する」ということの本質であるとする（『親鸞の還相回向論』一六六頁）

と言う。そして、その「回向がそのような意味になり得ないこと」（同前）と判定して論旨を進めている。

小谷の言う次の説から検証する。

仏教では一般に、如来とその功徳とは、（中略）別のものとして区別される。それらを同一のものとする誤解が、（中略）回向とは如来の表現なのだとする曽我師の「回向表現説」を生み出したものと考えられる。（同前一六七頁）

と言う。

では、一人ひとりの自立する主体の問題を仏教の一般論で解釈すれば、「親鸞の還相回向」の解明になるのであろうか。もしそれが単なる先入観であるとすれば、徹底的に問い直さなければならない問題が生じてくるであろう。また、

曽我師の回向表現説は、還相回向を如来の化身の示現と混同したことが原因となって生じたものと考えられる。（同前一八六頁）

という点についても同じである。

従来の還相回向の解釈に満足されずに、「如来我となりて我を救いたまう」という語に示されるように、還相回向を「如来が衆生となって表れる」ことと解釈しようとされた。（中略）それが如来が種々の身を示現することが還相回向であるとする、曽我師の誤解を引き起こしたものと考えられる。（同前）

と言う。それらの点についてはすでに述べたが、再度その要点を言えば、如来が我となるというのは単に「衆生となって表れる」ことではない。「弥陀如来は如より来生して、報・応・化種種の身を示し現わしたまう」（聖典二八〇頁）の語が曽我の念頭にあったのであろうと推測しているが、全くの見当違いである。曽我は如来御自身が、自らを徹底的に否定され、粉々に打ち砕いて衆生となると言っているのである。

従って、この小谷説の問題点は、曽我の言う「法蔵菩薩出現の意義」についての事実を深く考察していないことである。すなわち、

曽我師は、施すということは、如来が信という功徳をただ衆生に与えるだけでなく、如来がその功徳となって衆生の中に入り、衆生となって自己表現することであると理解すべきだといわれる。（『親鸞の還相回向論』一六六頁）

と言う。ところが、この場合に重要なのは、如来の「自己否定」の深刻な意味である。曽我は「如来自身の自己否定」という凡愚には想像できない裏づけによってこの問題を論じているのである。そこ

を見落としてしまうと、「如来がその功徳を自己表現するために行う行為」と言っても何の意味もなくなってしまうのが「如来、我となる」ことの奥行である。

つまり、その確認によってあざやかに浮かび上がってくるのが、この語の直後に加えられている「法蔵菩薩降誕のことなり」(『曽我量深選集』巻二、四〇八頁)の一句だからである。いわば深いところから湧いてくる泉のように、常に新たに誕生してくる生命力のことである。その事実を確かめると、止まることは一瞬たりともありえない、その湧出力の新鮮さを認めるであろう。その事実を発見したのが「如来、我となる」であった。

ここで曽我が言わんとしているのは「我を救い給う」という点である。直接的に現実の苦悩に喘いでいる私たちを救い給うところが要点である。次の「如来我となるとは法蔵菩薩降誕のことなり」との句はその二ヶ月後に「気付かせてもらいました」(「地上の救主」、『曽我量深選集』巻二、四〇八頁)と言われている。

「法蔵菩薩の降誕」ということが中心となれば、我の中にとびこんできた如来が問題である。そのはたらく場所としての悪業煩悩の巣窟としての我が身が問われることになる。その事実がわからなければ「降誕」の意味も消失してしまうであろう。しかも降誕は、とどまることのない転変の流れのうえのことである。

この例は身体感覚と頭脳の判断力の違いでも確認されている。唯識で言えば、第八アラヤ識と第六意識の差である。その点で言えば、アラヤ識には何の境界線もない。五臓六腑で言えば、各臓器の間はただ転変していく、絶えざる血流があるだけである。その事実を抽象化してしまえば、各臓器が独立しているかのように思う。それは第六意識の分別のなしていることである。

このことは人間の脳が、さまざまな境界線や差別線を画き出して、それに縛られている状態と同じである。人間以外の生物には存在しない線である。線を引くことで成り立っているわれわれの現実は、無数の生物で満ち溢れている地球上でも特殊な領域になる。ゆえに、この重大な欠陥についての認識なしに「還相回向」を論じても意味をなさないことになる。

しかも、そこで言われている「我は如来に非ず」（『暴風駛雨』、『曽我量深選集』巻四、三五二頁）も重要である。如来が我になったからといって、われわれが如来であると言うのではない。図に乗って我は如来であり、菩薩であると速断する凡愚はいる。自らの分限を自覚できていないためである。その自覚が自証と共にはたらくならば、そのような誤りを侵すことはない。

曽我においては、私たちがそのまま如来であるはずのないことは徹底して確かめられている。凡愚そのものでしかないわれわれの現実は、如来の智慧によって底の底まで照らし出されている。その無慚な本性の確認が自証される時、機の深信となるのである。以下に紹介する曽我の言からは、教えられるところが多々あった。

曽我の赤裸々な告白である。

二十年来脳の病に苦められ、心意常に散乱妄動し、日々聖教読誦を課業としながら、さらにその意義が分らず、特に近来浮世の下らぬ問題に迷悶しつゝある所の私には、誠に千歳の闇室を照すの灯炬を得た心地がしたのである。

（「地上の救主」、『曽我量深選集』巻二、四〇八頁）

これは、「如来我となりて我を救い給う」の一句に次いで「如来我となるとは法蔵菩薩降誕のことなり」（同前）の語を感得した時の述懐である。「二十年来の脳の病」とはノイローゼのことであろうが、「二十年」の年月は宗祖の比叡山での修行の年月に相当する。聖教に触れているにもかかわらずその意義がわからず、心意が常に散乱妄動して居たたまらない状態であったというのは、宗祖の苦悶と完全に一致しているように思われた。次の文に示されているところからも深い感銘を与えられた。

あり体に白状すれば、法蔵菩薩の御名は私が久しい間、もてあまして居った所の大なる概念でありました。勿論西方十万億の極楽も分らない。しかし現実世界を極楽と想えない自分は、いやおうなしに西方極楽に屈服せねばならぬ。唯法蔵菩薩と、その五劫思惟の本願と、その兆載永劫の修行とは、信ずることも出来ず、又信ずる義務のなきものと思うて居ったことである。

（同前四〇九頁）

浩々洞の同人たちの間でも「法蔵菩薩」について問いをもつ人は誰一人として居なかったとの述懐は前著ですでに紹介した。しかし改めて「地上の救主」を読み直してみて、これほどまでの「もてあまし」状態であったとは思いがけないことであった。すでに私も「白状」した自らの悪癖と言うべき情けない業の為せることであるが、曽我の苦悶については全くわかっていなかったとの感は身に沁みて確認できた。
ともあれ、西方十万億土の極楽も、それを建立するという五劫思惟の本願を信ずることもできず、その義務もないことと思っていたとの言は強烈である。加えてその信ずることのできない西方浄土と法蔵菩薩を現実の自分の状態に鑑みて、「いやおうなしに」屈服せざるをえなかっただけとの表白にも驚かされた。
次の文も興味深い。

然るに少しく物心がつくようになりて、此因位の願行と云うことに興が醒めて来た。而して単に「尽十方無碍光」の御名が面白くなって来た。私は因果の大法など云う無意味なる範疇を借り来りて、人間は因果の軌範を脱して考うることが出来ぬ故、如来は亦彼の本願を人間に知らせる為に、人間の思想の法則なる因果の法則に依りて、彼の御心を顕示し給いたのである、などと云い、而もその実自己の衷心は依然専ら光明の憧憬、因位法蔵比丘の願行の破壊であったのである。

（同前）

痛烈な反省の語であることは、私にも理解できた。特に注目されたのは、法蔵菩薩の「因位の願行」について興醒めの状態になったという告白である。大悲の本願の裏づけをなす大いなる行について興味がなくなったというのは、決定的な欠陥を示している。いわゆる「七地沈空の難」かと思われた。また「因果の法則」をもち出して、無意味なこじつけを試みたと読める文にも心を引かれたが、「面白くなってきた」と言われている「尽十方無碍光」の御名は、重要な手がかりであることは誤りではない。しかるに、「その実」は「自己の衷心」は「専ら光明の憧憬」だけで、「因位法蔵比丘の願行の破壊であった」と言うのは、深い懺悔の表白であるとの感を与えられた。いずれにしても、自らの内面の苦闘が素直に語られている点は新鮮な印象であった。

ところで、次の文章から受けた衝撃も強烈であった。

則ち口には本願中心の信仰を鼓吹して居りつゝ、その実、本願とは単に正覚の如来の大精神に外ならぬのであった。法蔵比丘は仮りの姿、仮りの名、五劫思惟も兆載永劫も如来の演芸に過ぎなかった。否自己の頭の演芸に過ぎなかったのである。　（同前四一〇頁）

口先だけの「本願中心の信仰を鼓吹」と言う。本願が単にでっち上げられた「正覚の如来の大精神」であるならば、まさに画餅のそれであって、何の力にもならないのは当然である。法蔵比丘も、その五劫思惟の修行も「如来の演芸に過ぎなかった」、自己の頭で思い画いただけの虚構であったという告白のすさまじさには言葉を失った。

未来死んでからの浄土のことは吾々現在知ることは出来ないことでありましょう。（中略）それが或は在るとすれば一層深いところの意味に於て、別な深い要求があるに違いないのであります。けれどもしかし現在吾々が生きながら、この生死の有為の中にありながら、（中略）言い換えれば現在に於て体験の出来る世界が真実報土というものである。

（『本願の仏地』、『曽我量深選集』巻五、三〇六頁）

と曽我は言う。

以上の説を、少し角度を変えて見ると次の文になる。

「回向ヲ首トシテ」でなく、「回向心ヲ首トシテ」と（中略）「心」という字を附加えた所に非常な注意があると思う。詰り往生を得ることによって成仏の願がそこに満足する。其の成仏の願は、たゞ成仏の願だけでは、純なる願であっても、行がなければその願は満足することは出来ない。（中略）其の願作仏心を一転し、願往生心に展開することによって、願作仏心が一大方便方法を成就する。吾等は往生によって成仏の願をそこに成就することが出来る。

（『如来表現の範疇としての三心観』、『曽我量深選集』巻五、二〇七〜二〇八頁）

とある。「如来が我となる」には血みどろの感識を通しての自証があった。実際上の経験である。それをただの解釈でしか見ていないのがわれわれということになる。「我は如来に非ず」との自己反省の視点は欠落してはならないのである。部分的な自己だけを自らの依り処にしてしまうと、自分の全体が見えなくなるのである。四煩悩具足の第一「我痴」に支えられているためである。その点への自己反省を強調するのが曽我である。その反省をより進めて完全な自己否定にまで深めたのが宗祖の三一問答と見るのが曽我である。

次に注意を引かれたのは次の文である。雪中に、「静に立て居られる彼の御姿を浮べずに居られぬ」（「自己の還相回向と聖教」、『曽我量深選集』巻三、一五三頁）との文に続いて、

恐くは彼はまさに誕生せんとする法蔵菩薩の御姿を見、まさに叫ばんとする法身大士の選択本願を傾聴して居られるのであろう。徒に闇の世界を厭うて空しき光を求むる自分の妄念を痛みつゝ、現に限りない光明を背にして闇の世に面して立て居らせらるゝ原始人を讃仰して居らるゝのであろう。（同前）

とある。まず雪中に「静に立て居られる彼の御姿を浮べずに居られぬ」に続いて、祖師の姿を思い画いている。法蔵菩薩のまさに誕生せんとするお姿を見、「まさに叫ばんとする法身大士の選択本願を傾聴して居られるのであろう」と述べている。この表現は具体的である。これがどうして「抽象的な表現」になるのであろうか。甚だ不可解である。

また次いで、

僧と云う名誉までもはがれ、危険思想の一人、国法の反逆者の一人として北越に謫配せられ、生来始めて現実に還来せる法蔵菩薩の御姿を拝せられた愚禿、此愚禿こそはわれの忘れ得ない祖聖の御姿である。（同前一五四頁）

とまで言う。われわれの現実の世界に還来された法蔵菩薩の御姿を拝せられて、「愚禿」と名のられた「祖聖の御姿」を「忘れ得ない」と言うのである。

蓋し惟うにわが久遠の父として、影の如くに身にそう所の祖聖は誠に我が還相の姿として、一如の世界からわれに回向せられたものであろう。如来の還相回向の本願を体して我が前に表顕せられたのであろう。（中略）現実の自己の全人格の往相の絶頂なる大涅槃の霊境から、親しく我の現実世界に反影還来する所の、真実の全的還相回向の人格は唯一人である。而してその人は愚禿の名を感得せる祖聖である。私は我に表現せる本願念仏の声の上に自己の願往生人の相、即ち往相の回向を観じ、真実の善知識なる祖聖の上に我の還相の回向を見る。（同前一五五頁）

とある。また、

私は我執我見の現実を突き破って、大自然の一如の霊境に進み度いと願う願往生人であると共にさらに此一如の世界から一層深い現実の煩悩生死の園林に還来せんと欲する願求がある。（同前一五七頁）

とも言う。この「一如の世界」が「現実の自己の全人格の往相の絶頂なる大涅槃の霊境」であることは明らかである。この一如が根源であることによって、一見しただけでは異なるように見える万物が「一如」に通底するのである。「往相は願作仏心で常に高い理想に向い、還相は最も深い自己の現実に向う相である」（同前一六五頁）からである。いわば往相と還相は「一如」において同体なので、同じではないとしても「一」である。

ゆえに「わが父」として信順している「愚禿」と名のった宗祖に対しての感慨であるからこそ、

「大自然の一如の霊境」への願生心に生きる道が開かれるのである。しかもそれは同時に「一層深い現実の煩悩生死の園林に還来せんと欲する願求」でもあると言う。その「私」はすでに「我執我見の現実を突き破って」いるとするならば、私たちが日常的意味での「我」にのみ立ち、自己正当化の主張に耽る邪見は破れていることになる。その「私」と「我」は私たちに明確に理解されているのであろうか。両者の違いが曖昧なままでは、どうしてみようもない。どのような具体的事実として回向の問題が明らかになってくるのか。それが次の問題になる。

詳しくいえば、阿頼耶識は法蔵意識である。一切万法の種子を本来持っているし、新たなる種子の薫習を受けるのである。そしてまた、種子を持っているのであるから、それが万法として現行した根源であるといっている。だからして、阿頼耶識は詳しくは法蔵識というべきものでありましょう。（『教行信証「信の巻」聴記』法蔵館、七〇頁）

と言う。そして、

法蔵識（第八識）というものと末那識（第七識）というものと二つあるけれども、しかし、これは一つのものに違いない。二つあっても一つのものに相違ない。（同前）

と補足する。

しかも曽我は、法蔵菩薩となった如来が、我のどこで我を支えているかを確認している。

すなわち我が個性を救う所の仏はその本願業力を我の往相の前途に表現して、具体的なる名号を成就してわれの行の足となり、又我の還相の背後に影現して、われの師父となりて教の眼を回向し給う。

（「自己の還相回向と聖教」、『曽我量深選集』巻三、一五六頁）

われわれを救う仏の本願業力は、往相の前途に具体的な名号を成就して、われわれの「行の足」となっている。またわれの背後に還相して、「師父となりて教の眼を回向し」、「涅槃の大用たる還相の利他教化」は「現に自己の背後の師父の発遣の声の上に、已に実現せられてある」（同前要旨筆者）とは宗祖の言葉のうえにその声を聞くことができると言っているのである。

そこで小谷の、

曽我師の二種回向に関する見解は、上に見たように、「如来の回向によって私が往生浄土し、また還来穢国する」とする二種回向の通説とはまったく異なっている。

（『親鸞の還相回向論』一六一頁）

という「他力回向」について改めて確認すると、二種回向の通説で言えば、如来の他力による回向によって「私が」「浄土に往生し、また穢国に還来する」となっているが、どこにその確証があるのであろうか。浄土に往生すると言ってもただの先入観によって幻想された浄土にすぎない場合があろう。また往生する「私」も真の自己でない場合もある。それは実在しない浄土であり、私であるから、兎角亀毛である。事実としては何の力も発揮できない。描かれた餅で腹が満たされないのと同じである。そのような浄土に生まれることのできる「私」は他力によって生きる自己ではない。ただの「無力」

である。

それに対して曽我の言う他力は、如来の大行としての思惟に裏づけられている他力である。われわれ凡愚を、事実として支える力を保持している。経験として実際に実験していることである。

ゆえに、小谷の言う「浄土往生のために現実に修習するための教が述べられている」(同前一五八頁)というだけでは、教があるだけで、実際にそれが実現する修習が行者によって行われていることにはならない。その事実があるのかどうかは確かめようがない。

現に具体的な経験としてその発遣の声を聞いている曽我に対して、彼の耳には何も聞こえないようである。そのために、響に対する反応を示せないのであろう。部分でしかない脳の理知によって、全体である八〇〇〇万個の毛穴で聞く、「仏願の生起・本末」が聞こえないのは当然としか言いようがない。「そのことに関する曽我師の説明は、はっきりとしない」(同前一六〇頁)との判断は、自らの限界を天下に知らしめていることになりはしないか。曽我がはっきりしないのではない。小谷の知力がはっきりしないのではなかろうか。「万法唯識」の原則から言えば、私自身のことになる。

還相回向の人と云えば一度念仏往生し成仏してから再び未来世に彼の岸から現実界に還来する人で、夢のような理想を語ることのように思うて居った。しかしそれは全く顚倒の見であった。寧ろ往相の人は現実を後にして専念理想界を逐う人で、還相の人は理想界から現実界に還来する人、どこまでも理想を現実の裡に求めて行く真の現実の人である。今日私と交渉し、私が為に活き居られる親鸞は決して往相の人ではなく、実に還相回向の人としての親鸞である。（中略）還相は往相の内的生命であり、往相は還相の生命発露の外相に外ならぬ。

（「祖聖を憶ひつゝ」、『曽我量深選集』巻三、一〇〇頁）

その招喚は、真の自己を見失って幻想に酔いしれている、無様な私たち自身の現実を喚びさます可能性を示しているのではないか。

「還相回向の人としての親鸞」ということになれば、「親鸞の還相回向論」というかぎりは、この点への論評も必要になると思われる。しかもすでに指摘したように、「自己が浄土から仏として還ってくる還相回向の教」と言うのなら、その自覚における自己自身としてのゆるぎない一人が証得されているはずである。宗祖で言えば「親鸞一人がためなりけり」（『歎異抄』、聖典六四〇頁）の「一人」であり、「また「唯」は、ひとりというこころなり」（『唯信鈔文意』、聖典五四七頁）の「ひとり」である。その自立せる一人の確証は、果たして小谷説のどこに見られるのであろうか。あるのは予想だけではないか。ただ自らの、実在しない夢を語っているだけである。自覚に則することのない自己の観念論になりかねない。「親鸞の還相回向論」であるためには、改めての確かめが必要になってくるであろう。

その体験を踏まえることなしに、回向表現の意味を自らの先入観で見てしまうと、「信という功徳を願によって与える」はたらきがわからなくなるのである。「これまでの回向の解釈にはなかった」

（＝『親鸞の還相回向論』一六六～一六七頁・一八六頁取意か）というのは当たり前のことである。古い体質の浄土教ではありえない独創的な発見である。傍流としか見られず、死後の往生だけが往生だと解することが法然門下の浄土観と言われることもあった。それをただ一人破ったのが真宗の独立を果たした宗祖であった。それが親鸞だと言っているのが曽我である。ゆえに「信心為本」が真宗の要になる。その現行の場が「現生正定聚」である。

しかも、本願には必ず行がある。他力の本願力である。それに対して、願を理知で分別するだけになれば、何ら行うことなしに、あたかもそれが自分にできるように予想してしまうのである。行については、実際に永続して行うことのできることなど何もないわれわれなのにもかかわらずである。「絵に画いた餅」は食べることはできない。真の力が湧いてくるはずなどない。その点を無視した完全な観念論は、われわれの脳の造り上げている実在しない死後の浄土である。アニメ化された浄土であり、妄想の結果である。

親鸞の真宗は、日本の浄土教がもともと保持していた傍流的側面から脱却して、その独立性を発揮することができたのである。画期的な立場を見出したからであった。前著で紹介した上田が述べていた（『往生論の真髄』一六八～一六九頁）ように、それまでに誰も気づかなかった視点の発見による「雑行を棄てて本願に帰す」の意味である。帰命することのできる一心が、真実の信心であるというのがその原点である。「信行両座」でもわかるように、信心の立つ位置が明確になったのである。それが十八願の至心・信楽・欲生として浮かび上がってきている。

いずれにしても、聖道門に対する浄土門の、対等もしくはそれ以上の立場の確立であった。ブッダのさとりに直結する教えであることを、師法然は「念仏為本」によって明らかにした。それをより一歩脱皮させて「信心為本」の根元に本願の根を見出したと言える。「聖道の諸教は行証久しく廃れ、浄土の真宗は証道いま盛なり」(『教行信証』「化身土巻」末、聖典三九八頁)の語は、旧態依然たる固定化された仏教を、仏の自内証の生気溢れる力のところへ集約したことになる。そこで開かれてくる自覚自証の道が一切衆生の救済に関わる意味をもって、恒に念々に新しい生命の息吹を発起したのであった。真の宗としての生命力の発見である。

二、「祖徳讃嘆」生きてまします法蔵菩薩

はじめに

全国各地からお参りいただき、誠にありがとうございます。さて、今回私が皆さんに申し上げたいことは、現に生きていらっしゃる法蔵菩薩のことであります。

阿弥陀仏でもあるその法蔵菩薩が、祖師聖人であることは、『御伝鈔』巻上において明らかです。

聖人、弥陀如来の来現ということ炳焉なり。しかればすなわち、弘通したまう教行、おそらくは弥陀の直説といいつべし。

（聖典七三〇～七三一頁）

また曽我先生は、次のように述べています。

是れ我祖聖の御聖教を弥陀の直説と云うは決して空漠たる讃辞ではないのである。正しく法蔵菩薩の発願の大精神を御自身の一念の信上に発見し給いたのである。

（『曽我量深選集』巻二、四一五頁）

その祖師聖人のおっしゃっているところから拝察しますと、現に生きているあらゆる人々を、法蔵菩薩はしっかり支えてくださっている。決して揺らぐことなく、また一瞬の停滞もない。ただ黙々と私たちの苦難に耐えぬいてくださっています。無類の忍耐力としか言いようのない「畢竟依」です。「他力の悲願」と言われる「大悲の願心」が大事なのです。「他力の悲願は、かくのごときのわれらがためなりけりとしられて、いよいよたのもしくおぼゆるなり」（聖典六二九頁）と言われています。

また『教行信証』「行巻」には、

他力と言うは、如来の本願力なり。（聖典一九三頁）

とあります。

ここでの他力は、仏力とも願力とも言われ、如来の領域に属しています。それが宗祖の言われる他力なのです。したがって私たちの自分勝手で自己正当化だけの自力とは違うので、他力と言われているのです。

また自分の行為に責任をもとうとしない、無気力で甘えだけのだらしのない他力でもありません。以上のことを知らせてくださった、祖師聖人の深い御こころを讃嘆したいのです。

とは申しましても、ほんのちょっとだけというようなことでして、「行巻」に引用なされている「一毛をもって百分となして、一分の毛をもって大海の水を分かち取るがごとき」(聖典一六二頁)のわずかであります。

法蔵因位の意味と果位の如来

そういたしますと、只今もご本尊である阿弥陀如来が本堂・阿弥陀堂にいらっしゃいます。ご本尊でありますから中心であることは当然のことですが、この場合は阿弥陀如来は果位であり、法蔵菩薩は因位です。この違いには大変な問題が含まれているのですが、今は省略します。そこで如来が法蔵菩薩になられたというところから、あらためて考えてみますと、何のために法蔵菩薩になられたかということが問われることになります。

つまりわれわれ自身の、現実といいましょうか、毎日毎日の生活の中で、どうすれば乗り越えられるのか、押しつぶされてしまって、問題を解決する方法などまったく見当もつかない。そのような出来事に、縁さえあれば私たちはいくらでもぶつかるわけです。

そのときに、そういう問題を現に今抱えている、そのわれわれの悩みや、本当につらい、苦しいという、その状態の中で右往左往せざるを得ないその私。その私のためにと言いましょうか、その私を助けるために法蔵菩薩が実際に生きてくださっている。

あるいは「これで助かった」と、われわれが現在、ただ今の生活の真っただ中で、法蔵菩薩のおかげを事実として感じとる。このような問題は、簡単に解決するものではありませんが、引き受け方が分かったとか、なるほど、法蔵菩薩に助けていただければ、こんな私でさえも、そういう問題に真っ向から立ち向かえるというか。それは難中の難なのですが、不可能とは言えないということです。

そうなりましたときに、本堂の如来さまと、御開山親鸞聖人は一応別々である。表向きに現れているかたちとしては、本堂と御影堂ということで、場所でまず違います。しかしそのことを成り立たせている根っこと言いますか、根本ですね。一番大事な根元ですから、本願と言ってもいい。そこから見ますと一如である。

具体的に、われわれの経験を思いますと、ああなりたい、こうなりたいとか、この問題だけはとても耐えられないとか、さまざまな問題が現実にあります。そしてその問題でわれわれは困りはてる。そのようにわれわれの現実は必ずなります。

ですが、そこのところだけでものを見ているとすれば、宗祖聖人が浄土真宗とおっしゃってくださったことの意味が、わからなくなると思うのです。浄土という大地性と言いましょうか、私を支えている、その支えそのものが清らかさをもち、健康性をもち、確かさをもって、本当にわれわれを支えてくださっている。そのような浄土のはたらきを、特に真、「真」の「宗」、真宗と言う。本物ということです。

本物ということになりますと、必ず偽物が問われます。はっきりさせるべき問題があるにもかかわらず、偽物だけでこの人生をごまかしてしまう。いいかげんなところで、目を背けてしまう。そういう誤ったと言いますか、見当外れ。つまり真ではない、真宗ではない、本物ではない。それは偽物の人生です。そんな人生に耐えられるのですかということで、本物のみを求める。

約七五〇年前のことでありましょうが、比叡山で学んでおられた宗祖聖人が、その学びの中から本物だけが私の問題を解決するということで、浄土真宗の教えというものを私どもにお残しくださったのではないのか。

阿弥陀仏は光である

そのようなことを含めまして、今回、非常に印象深い経験をしましたのは、真宗教団連合発行の二〇一八年の法語カレンダーの表紙の言葉です。

「阿弥陀仏は　光明なり　光明は　智慧のかたちなり」とある。何の気もなしに自坊に帰りましたときに、その表紙の文字が目に飛び込んできたのです。今の、「阿弥陀仏は光なのである」と。

この言葉を聞いて、皆さんはどう思われますか。私は、ご本尊のことですから、お敬いしてきました。そしてまた、ここで私どもが宗祖聖人として敬い申し上げている親鸞聖人。このお二人は大切であると思っています。そして根本の誓願から見れば同じとなることは、何となく感じていました。

ところが親鸞聖人はご自分が阿弥陀仏であるなどとは一言もおっしゃらずに、「阿弥陀仏は光である」と言われている。聖人の八十五歳のときのお言葉です。九十歳でお浄土へ帰られる直前になりますが、そこでのお言葉です。

その言葉に触れたときに、私は本当にビックリしたのです。如来さまは光である、阿弥陀仏は光であると言われて。阿弥陀さまの姿形であれば、私はそれは見えます。あるいはその文字化である「南無阿弥陀仏」という名号ならば、その文字も見えます。

これから「坂東曲」のお勤め、お念仏が上がりますが、南無阿弥陀仏南無阿弥陀仏と、くり返しくり返し、身体全体を揺らしながらの勤行になります。その念仏の、思いもかけない深い意味合い、南無阿弥陀仏という声明を聞いて光を感じますかとお尋ねしたいのです。

私には見えなかった。私も念仏くらい、くらいと言うと申し訳ありませんが、南無阿弥陀仏と称えることはあります。ですが私の口から出ている南無阿弥陀仏が光だなんて思ってもみなかった。ところが、今回の宗祖聖人八十五歳のときのお言葉が、「阿弥陀仏は光である」とおっしゃっていますから、ぎょっとなったのです。

しかも光であるとは、どういうことかといえば、智慧のかたちであると。光は智慧のかたちなのだと言われる。つまり智慧ということは、何かが分かることです。分からなければ智慧になりません。

真実信心の智慧

その智慧の「智」について、「智慧の光明はかりなし」(聖典四七九頁)の和讃の左訓では、「ち(智)は、あれはあれ、これはこれとふん(分)べち(別)して、おもひはからふによりて、しゆい(思惟)になづく」(金子大榮『讃阿弥陀佛偈和讃』講義』・九〇頁)とあります。つまり理知の分別のことです。それに対して、「ゑ(慧)は、このおもひのさだまりて、ともかくもはたらかぬによりて、ふとう(不動)になづく、ふとう(不動)さんまい(三昧)なり」(同前)です。あれこれと揺れ動く状態が定まって、ふらつかない三昧の境地になることだというのです。したがって、「智慧のかたち」として具体的にある手がかりがえられることとしておきましたが、それは「信心の智慧なかりせば」(聖典五〇三頁)の信心になります。「信心」が浮かび上がってくるので、この「信」に対する宗祖の『唯信鈔文意』でのおっしゃり方は重要です。

「信」は、うたがいなきこころなり。すなわちこれ真実の信心なり。虚仮はなれたるこころなり。「虚」は、むなしという。「仮」は、かりなるということなり。「虚」は、実ならぬをいう。「仮」は、真ならぬをいうなり。本願他力をたのみて自力をはなれたる、これを「唯信」という。

（聖典五四七頁）

「光明は、智慧のかたち」が貴重なヒントになりました。そして、この話と関連して、「この如来、微塵世界にみちみちたまえり。すなわち、一切群生海の心なり。この心に誓願を信楽するがゆえに、この信心すなわち仏性なり」（聖典五五四頁）と言われています。ここからも、思いがけない示唆を与えられたのです。すなわち、「智慧はひかりのかたちなり。智慧またかたちなければ、不可思議光仏ともうすなり。この如来、十方微塵世界にみちみちたまえるがゆえに、無辺光仏ともうす。しかれば、世親菩薩は、尽十方無碍光如来となづけたてまつりたまえり」（聖典五四三頁）とも言われているからです。

つまり、ここで私が注目したのは、「如来」が、「微塵世界にみちみち」ているということと、その場所は「一切群生海の心なり」という点でありました。粒子としての微塵世界は、今で言えば一ナノ（十億分の一メートル）というほどの微細な単位です。ゆえに名もなく生きている私たちの心では、何の価値もないと言われても反論できません。

ところが、その群をなして生きているだけの、私たちの取るに足りない微小な「心」が、如来のはたらく場所であると言われているのです。そのように説く祖師の感性の深さは、驚きそのものでありました。しかもそのかすかな心で「誓願を信楽する」。その信心が「本願力を信楽す」（聖典五四四頁）というのですから、「真実の信心」の意味には、底知れないところがあると感知させられたのです。

「根本」ということ

皆さん方の生活そのもの、そこにおいて、それこそ生きるか死ぬかの問題もあるでしょう。どうしてこんな目に遭わなくてはならないのかということは、いくらでも襲ってきます。

そういう問題に対して、光となって、何かを教えてくださる。南無阿弥陀仏が確かに智慧のかたちだとおっしゃるのですから。かたちということは、何らかの感触、具体性をもって、われわれに、「ああ、そうですね。ただの文字じゃなかった。ただの姿じゃなかった」と気づかせる。

宗祖聖人のそのお姿を拝見して、そこから私たちに呼びかけてくださっていらっしゃる深い深い本願に触れる。根っこ。根本。願いの根本に値遇しなければならないのです。

根本ということは、例えば植物でも枝とか幹とか、いろいろ表面的には見えますね。この右の枝と左の枝と、これが一つになることがあり得ますか。あり得ませんね。

ということは、われわれの現実ではすべて別々に見えてしまうのです。いいか悪いか、好きか嫌いか、損か得か、勝つか負けるか、全部二つになって対立しています。このことにも意味があります。

でも、そこのところにまた問題があって、二つだからばらばらにしてしまえばいいというわけにはいかない。一応、現れているところは、右の枝と左の枝は違う。幹と葉っぱも違う。しかし根っこを見れば、結局一つじゃありませんか。根っこのところが根本です。

それは、光の世界と逆方向に地下へ向かっていますね、地の底へ。泥の中でもいいですよ。われわれの悪業、煩悩の泥の中です。現実にあるさまざまな問題であっぷあっぷしているような、そういうわれわれ自身ではありますが、それとは逆方向へ向きながら、根っことしてしっかり支えてくれている。その「根」があればこそ、枝も葉っぱもみんな生きているのでしょう。

根っこに気がつくことが皆さんありますか、どうでしょう。私にはなかったから言っているんです。上っ面だけ見て、別々だから二つだと。親鸞聖人と如来さまは別だとしか思わなかった。ところが、根本のところに大悲と大智の本願がはたらいていました。

この根っこのところと、具体的に現れているものとの関係。だから好き嫌い、損得、勝ち負けに分かれるけれども、そこで一番大事な問題は、生きるか死ぬか、生か死かということです。この問題は、誰だって恐ろしいはずです。「生死の一大事」ですから。私も恐ろしいです。ではどうすればいいのか。

自分の現在の事実に気づくしかありません。そうすると、すべてを別々に見ていることに思い到ります。私たちにとっては、当たり前にしか思えないこの事実には、重大な手がかりが含まれているのです。

つまり、根本から見ることができないために、ものの要をはっきりとさせようとしない。そうなってしまっている原因に気づかない。そして、ただいろんなことに悩んでいる、苦しんでいるという。それは、錯覚です。間違いです。「真」の根本に気づいていないだけです。それは真宗ではありません。

そのような意味合いで、今回、そのことを知らせるために、親鸞聖人が私どもに、「光は智慧のかたちである」と言われて、われわれが物事を覚知する場合の、ある有力な手がかりとしてのかたちをお知らせくださった。それが、真宗の教えであるということです。

ただこのことひとつ

親鸞聖人のお言葉が、「一如よりかたちをあらわして」とあるところを私は今回、「この一如宝海よりかたちをあらわして、法蔵菩薩となのりたまいて」（聖典五四三頁）と一つにしたいのです。「一如」と言うのだから、一つです。根っこのところという意味になります。元に返れば一つに違いないのです。その一如は「真如」とも言われます。「正信偈」の「即証真如法性身」の真如です。ここでの法身は、言葉では説明できませんので、「いろもなし、かたちもましまさず。しかれば、こころもおよばれず。ことばもたえたり」（聖典五五四頁）と宗祖は言います。

何を言っているかといいますと、われわれから見ると、みんなばらばら、憎たらしい人とかかわいらしい人と別ですね。損と得も別でしょう。これはわれわれの地上の現実から見ているからです。ところがそう見えるだけで、仏さまから見ると、みんな同じです。だから「平等施一切」と言うんです。根本は一つだからです。それなのに、どうしてもばらばらに見てしまう。どうしてそうなるのか。

過去久遠劫来、ばらばらに見てきたからです。われわれのものの見方というものは、この世でばらばらになったのではないのです。迷いに迷ってきたという闇の世界。その闇の世界との関係がよく納得できないものだから、同じであるものがばらばらにしか見えないのです。そのために、如来さまの目から見れば同じなのに、勝手に線を引いてしまう。勝手にと言っても、簡単に引くわけではありませんが。

いろいろと申し上げたいことがあるのですが、どこでわれわれは勝手に線を引くかというと、われわれの頭脳です。自分の頭を手がかりにしてしか物事は判断できません。そこで線を引くのは、われわれの脳味噌になります。けれども、その線の引き方についても、光と逆の方向への深い錯覚が生じます。つまり、私のこころの中における、闇の領域と関わってしまうのです。その構造については、自分だけでは簡単に気づけません。無意識のエゴ・自己中心性のことだからです。

その自力の執心について、宗祖聖人は次のように言っています。「自力というは、わがみをたのみ、わがこころをたのむ、わがちからをはげみ、わがさまざまの善根をたのむひとなり」（聖典五四一頁）。

そのようなことで私たちの脳は、判断ミスの名人で、全く頼りにならないところもあるのです。

『脳はバカ、腸はかしこい』（藤田紘一郎著・三五館）という啓蒙書が出版されているくらいです。『歎異抄』では、「日ごろのこころにては、往生かなうべからず」（聖典六三七頁）と言われています。「日ごろ」とは私たちの日常のことです。その理知の分別の力では、問題は解決しないとの警告になっています。

善導大師のお言葉で言えば、「曠劫よりこのかた流転せり」（聖典一四七頁）です。「曠劫」というのは、数え切れない背景をもっていることです。迷いに迷ってきた、間違いに間違ってきた。仏さまから見て一つであるものを、われわれは、どうしてもばらばらに見てしまう。全然別なんだというようにです。

種子としての法蔵菩薩

そういうことで、どうしてそうなるかといいますと、後ろで親鸞聖人が「さるべき業縁のもよおせば、いかなるふるまいもすべし」（聖典六三四頁）と言ってくださっている。その声が聞こえました、今。どこかの誰かの話ではないと。おまえの中に潜んでいる悪業、煩悩というか、何をしでかすか分からない、その種子の問題である。それに対する正しい対処の仕方が見つからないと、とんでもないことになる。縁さえあればどんなことでも起こります。

その種子こそが「法蔵菩薩因位時」の種子と関わっているのです。恐ろしい私の種子です。目を背けたくなる私そのものの心の奥にある闇の問題を解決するための方法として、法蔵菩薩が私の中に飛び込んできてくださったということであります。

そこのところが一番、大事な問題になりまして、曽我先生の言葉で言いますと、「如来我となりて、我を救いたもう」。仏さまのほうから、ご自分をばらばらにして、私のところへ飛び込んできてくださって、私をお救いくださるのであると。

その仏さまとはどういうお方かと言いますと、因位ということは種子の状態ですから、その状態にご自分を粉々に打ち砕いて、あなたの中に飛び込むのだと。

それが曽我先生のおっしゃり方ですと、「法蔵菩薩降誕のことなり」となります。そのおこころで表されているのが「この如来、微塵世界にみちみちたまえり。すなわち、一切群生海の心なり」です。その現れ方は、粒々の状態になって、あなたの中に誕生することになります。

この南無阿弥陀仏で、飛び込んできてくださる、粉々になってくださった親鸞聖人が、法蔵菩薩です。ご本尊は向こう側にいらっしゃいます。粉々になってくださる親鸞聖人が、私たちの眼の前の宗祖聖人です。「方便法身」と申します。「無碍のちかいをおこしたまうをたねとして、阿弥陀仏と、なりたまうがゆえに、報身如来ともうすなり。（中略）この如来を方便法身とはもうすなり。方便ともうすは、かたちをあらわし、御なをしめして衆生にしらしめたまうをもうすなり。すなわち、阿弥陀仏なり」（聖典五四三頁）とあります。

阿弥陀仏は仮に今のような姿になっておられますが、その元は光それ自体です。そこに立って、われわれ一人ひとりを助けようとされている。十把ひとからげではありません。皆さんお一人おひとりです。その心臓のど真ん中に飛び込んで、皆さんを助けたい。そういうご本願ということです。

ここでの心臓は、「他力は胸より湧く」（曽我量深選集』巻二、三五九頁）の胸のことで、「胸の中」とも言われます。しかしそれは心理学的な意味だけではなくて、身体性も現しています。それで心臓のことになるのです。すなわち一人約六十兆と言われる細胞の粒子となって、私たちの体内をかけめぐる新陳代謝や血液循環のことだからです。それが身心一如の法蔵菩薩のはたらきなのです。

このはたらきは、「この報身より、応化等の無量無数の身をあらわして（中略）このゆえに、無碍光ともうすなり」（聖典五五四頁）と関係しています。つまり、「応化等の無量無数の身をあらわして」、「無碍の智慧光をはなたしめ」て、私たち衆生と直接的に対応されるとあるところが圧巻であると感じました。

「有縁を度してしばらくも　休息あることなかりけり」（聖典四八〇頁）との和讃に通底しているとの思いと合致したからです。

しかもその無碍光は「智慧のかたち」なのでしたが、「かたちもましまさず、いろもましまさず」です。そのような「かたちなき、かたち」でありながら、「無明のやみをはらい、悪業にさえられず」

（聖典五五四頁）と言われています。この宗祖の御了解には、目を見張る思いでした。無碍光のはたらきは二重構造になっている。

いろもかたちもないところから、方便としてかたちをあらわしてくださる。次にそのかたちを粒々に砕いて、私たちに応じてくださる。少しばかり納得できた喜びには量りしれないものがありました。

おわりに

肝心のところは「坂東曲」を参拝していただきますと、そのこころがなんとなくわかりまして、この廟堂が「難度海を度する大船」（聖典一四九頁）に変わったように感じる人がいても、おかしくはないのです。このことは「生死大海の船筏なり　罪障おもしとなげかざれ」（聖典五〇三頁）の御和讃によっても証明されます。日本海の荒海を雄々しく乗り越えて行く船のように、揺れ出すこともあると思います。

ところが実際上の私たちは、悪業と煩悩を伴った生死の海の海底に沈んでいます。にもかかわらず、その自分の紛れもない事実に全く気づかない。その現実の闇の深さを思い知らされる。その時に、かろうじて「智慧の光明」に触れて、「かたち」のないかたちの深い招喚の声を察知するのです。それが「悪を転じて徳を成す正智」（聖典一四九頁）です。

そこで初めて私たちは「船上の人」になり、「一人立ち」できます。その「ひとり」が船主であり、船であり、船客です。つまり、「ひとえに親鸞一人がためなりけり」(聖典六四〇頁)のひとりです。そうしますと、一如である聖人の法蔵魂が私たち一人ひとりの全身を通して弘願の船の船客になります。「弥陀観音大勢至　大願のふねに乗じてぞ　生死のうみにうかみつつ　有情をよぼうてのせたまう」(聖典五〇五頁)とあります。

曽我先生の次の言葉からは、深い示唆をいただきました。

我々は真に自己に反る時、讃光の宗教より、乗船の宗教に転ぜねばならぬ。現前脚下の事実に醒めて、自己を生死海底に発見する時、驚くべし自己はその時船上の人である。自己は船客にして又船と船主とが無碍一体なるに驚くであろう。(中略)我々は夢の如き讃光者たるべきではない。(中略)唯至大唯一の問題は浄土や如来の遠近に非ずして、自ら弘願の船を自覚せりや否やに在る。

(『曽我量深選集』巻二、四二〇頁)

説明の足りないところが、かなり残りましたが、以上で私の祖徳讃嘆とさせていただきます。

三、「正信念仏偈」に学ぶ

――総讃のこころ――

「正信念仏偈」撰述の背景

第一回　選択する本願

しかれば大聖の真言に帰し、大祖の解釈に閲して、仏恩の深遠なるを信知して、正信念仏偈を作りて曰わく、

（聖典二〇三頁）

1、選んで取ると捨てる

「正信偈」「撰述の背景」というテーマを見て、生きている真宗の要をはじめて教えてくれた先輩の言葉を、久しぶりに想い出しました。

「選ぶ」ことには、選び取ると捨てるとの二つがあるというのです。何を捨てて何を取るか。その点をはっきりさせないで選ぶと、すべて無駄になるというのです。ハッとさせられた記憶が蘇ってきました。

つまり選択にはかなりの決断が必要だというのです。そうなると選び取る場合に、何一つ捨てずにいいところだけを取る、それが最高の利益であり、そのような欲求に応えてくださるのが阿弥陀如来であるなどと、考えてしまうことはないでしょうか。

今回の趣旨が切々と私の胸に響いてきたのは、その点を少しでも明らかにしなければ「真宗の教え」にならないと言われたように思われたからです。

2、我ならぬ声

宗祖聖人の選択された本願の念仏は、ギリギリの所に立ってのお言葉です。たまたま次のような便りをいただいて、何とも言えない新鮮な喚びかけに聞こえたので紹介します。

かざはな通信　No.79

やっと見つけては別のものを見失い、行ったり来たり、オロオロウロウロしつつ、こんな私になっていることに戸惑い、がっくりしつつ、それでも自分の頭をなでて「おまえを生きていくからね」と言おうとした時、もう一つの別な声が重なってひびいてきた。慰めなどでない、いのちの意志「法蔵菩薩の声だ！」と聞きとったとたんに、涙があふれてきた。

この頃、私の心は二つに分かれ、しくじる自分と、その相手になりながら、なだめたり励ましたりする自分とがいるのである。その二つに分かれた私の、もっと底から湧き上がってきた「お前を生きていく！」と言ってくれた声に、一瞬身も心も熱くなった。

「生きよ！生きよ！」「生きんかな、生きんかな」共鳴現象というのだろうか、不思議な体験であった。南無阿弥陀仏。

我ならぬ　声をききつつ　生きんかな

（日豊教区勝福寺坊守　藤谷純子）

3、湧き上がってくる響き

南無阿弥陀仏は称名念仏ですから門徒であれば誰でも知っています。しかし今回改めてその意味を「私にとって」のこととして問い直すことになりました。ただの音声のところで聞くのではありません。「響きを聞く」というのは、その先にある「真宗」のカナメのことになります。つまり単に前もってあるということでなく、根源としてある根本のことでしょう。「ほんとうに願って止まないもの」その声を聞くということになると、私たちが普通に見たり聞いたりしている目と耳だけのことではなくなります。身体全体で感じ取る感覚が求められているのです。

聖人のお言葉で言えば「智眼くらしとかなしむな」（聖典五〇三頁）です。ご自分の全体で感じ取った上での言葉だと思います。藤谷さんの文章では「二つに分かれている自分」といわれています。私たちが日常的には気づいていない自分の事実です。

その私の「もっと底から沸き上がってきた」「声」に触れて、「身も心も熱くなった」といっています。この感覚は本願の念仏に確かに出遇った経験だと思ったのです。念仏の音だけのところから、十方に響きわたる深い意味の世界へ何とかして歩み出したい。そのために少しでもお役に立てたなら有難いと思っています。

（二〇一九年八月号）

第二回　難度海を度する大船

しかれば大聖の真言に帰し、大祖の解釈に閲して、仏恩の深遠なるを信知して、正信念仏偈を作りて曰わく、

（聖典二〇三頁）

1、難しいことを分かり易く

文章を依頼されるとき、よく言われるのがこの言葉です。できるだけ分かり易くというのでしょうか。何かおかしいという感じがしていました。

「正信偈」に学ぶという場合でも、それが安易な学びのことなら、真宗の学びではないと思うのです。宗祖の深いこころに触れようとするのです。とんでもない見当違いではないでしょうか。

もし言うなら「面白く」でしょう。私の場合は聖徳寺の第二世住職三林賢誠師の「佐々木月樵の華厳は面白かった」でした。どのように面白かったのかは別にして、この言葉が私の人生の大転換になりました。夢にも思わなかったドキドキするほどの面白いことがおこったのです。ただし最初に予想したのとは逆の恐ろしい経験も含めてのことです。

表題の「難度海」も文字づらだけを見るとさしたることもありません。しかし学びの願いからいうと、私にとっての意味なので、深く響いてくる「大綱の要義」として聞き開かなければなりません。それはタイヘンなことです。人生そのものが難度海だからです。生きるということは簡単なことではありません。

2、難中之難無過斯

内容がわかりづらいのかどうか、これから学ぶことですが、「正信偈」にあり、その元は『大経』の経文です。「難しいことのなかでこれほど難しいことはない。此れより難しいことはどこにもない」という意味です。したがって、「そんなに難しいなら、学ぼうと言われても、やる気がなくなった」と言う人が居ないとは限りません。しかしそれでは、元も子もなくなります。

そこで、何の面白みもないようだから止めてしまうのではなく、とても難しいように見えていても、そこで思いがけない深い意味を感じ取ってほしいのです。簡単に止めてしまわずに、身をもってぶつかってみる。そうすると、案外乗り超えられるものなのです。それが宗祖聖人の場合でした。

3、忍んで悔いぬ力

つまり私たちのあられもない状態を裏の裏まで見抜かれて、何としても助けたいと誓ってくださっている力がある。それが「大悲の本願力」です。情けないかぎりの現実は確かにあります。しかしその事実に気付かせて、困りきっている現状を見事に解決する。その不思議な願心の力を身をもって感じとられて、ほんの少しなのですが、揺るがない依り処にしっかり立つことができました。そのようにおっしゃるのが親鸞聖人なのです。

難しいことは難しいとはっきり見えてしまった。それが、「仏かねてしろしめして」(聖典六二九頁)です。その上で難しいので止めるといわれないのが法蔵菩薩です。踏んだり蹴ったりというほどのひどい目に会っても、それに耐える力がある。「嘆仏偈」の「忍終不悔」です。そしてあらゆる命あるものに対して、何としてでも救いたいと願われる。それが「大悲の弘誓」なのです。

自分勝手なことしか考えられない私たちには、そのような力はありません。そのために、願の力を他力と言います。「他力」とは「如来の本願力」です。難しいことにもあえて立ち向かっていく。その力が「大船」にあるのです。
「難思の弘誓」の難思は「難思議」のことです。「不可思議」に連なります。その弘誓が本願力になり、「本願の名号」になっているのです。したがって「大船」に乗ることができれば、どのような難度海でも乗り切ることができると、聖人はおっしゃっているのです。

（二〇一九年九月号）

第三回　正信偈造意の要衝

ここをもって知恩報徳のために宗師（曇鸞）の釈を披きたるに言わく、それ菩薩は仏に帰す。孝子の父母に帰し、忠臣の君后に帰して、動静己にあらず、出没必ず由あるがごとし。恩を知りて徳を報ず、理宜しくまず啓すべし。また所願軽からず、もし如来、威神を加したまわずは将に何をもってか達せんとする。神力を乞加す、このゆえに仰いで告ぐ、と。已上　（聖典二〇三頁）

1、知恩報徳のため

「撰述の背景」ということで最後に確かめることにしたのは、「知恩報徳のために宗師（曇鸞）の釈を披きたるに」とあるところです。「知恩」がなければ「報恩講」を勤める意味もないでしょう。ところが、私たちの実際上の生活感覚から言えば、年中行事を務めているだけではないでしょうか。

それに対して直前には、「これすなわち誓願不可思議、一実真如海なり。『大無量寿経』の宗致、他力真宗の正意なり」とあります。前号で考えた「難しいこと」の一つの「不可思議」とあり、それが「一実真如海」ともいわれています。実質的な内容をもった「まこと（真如）そのもの」のこととしておきますが、それは「他力真宗の正意」であるとおっしゃっているのです。

2、動静己にあらず

その意味で『論註』の御引用文の示すところも重要だと思いました。「それ菩薩は仏に帰す。孝子の父母に帰し、忠臣の君后に帰して、動静己にあらず、出没必ず由あるがごとし」とあります。「菩薩」は「仏弟子のこと」です。宗祖はそのように了解なさっています。では、私たちは果たして「仏に帰命している」のでしょうか。その点も問い糺されることになります。

しかもそこで為すべき行為は「動静己にあらず」です。立ち居振る舞いのすべてについて、自分勝手さを中心にしなくなります。つまり真の主体としての自己自身の確立です。曽我先生は言います。「自然法爾の、ほんとうの主体性は、南無阿弥陀仏なんでしょう。南無阿弥陀仏とは、信心なんでしょう。真実信心が、自分自身。その体、南無阿弥陀仏」（『正信偈聴記』四四頁）と。この意味の確かめが、必要になってきました。

3、願われている私たち

次の「所願軽からず」からも深い意味を問いかけられました。「弥陀如来の誓願力の顕現である。誓願力そのものである」といわれているからです（山辺習学・赤沼智善『教行信証講義』四八三頁、第一書房）そうなるとただ事ではなくなります。本願の重さのもつ底知れなさの感知です。

ところが私たちの現実になると、そのような感覚はどこにもない状態です。自分の心の中を探してもそのような淳《あつ》みに反応する知覚は見当たりません。したがって、「もし如来、威神を加したまわずは将に何をもってか達せんとする」となります。

アミダ如来の「加威力」といわれる広大な力を賜わらなければ、どのように応じればいいのか見当もつきません。旺盛な意欲などどこにもないからです。以上のようなことで「神力を乞加す」となります。如来の威神力を乞い願わずにはいられなくなるのです。

そうすると「真の言」に帰することになって、「真理の一言は悪業を転じて善業と成す」（『楽邦文類』、聖典一九九頁）の「一言」に出遇うのです。「正信偈」の一言一句に悪を転じて善業に変換する力がこもっているとも読めます。これはたいへんなことです。

しかも「信知して」と言われています。この信知は信ずることがはっきり自覚されたことです。したがって「真実の信心」のことになります。第十八願の至心信楽のことでしょう。

ところがこの信心がたいへん難しいのです。「無上妙果の成じがたきにあらず、真実の信楽実《まこと》に獲ること難し」（聖典二一一頁）です。どうしてかといえば、私たちは「常没の凡愚・流転の群生」だからです。そのためにどうしても「如来の加威力」（同前）と「大悲広慧の力」に因らなければならなくなります。「正信」の意味の深さは計り知れないのです。

（二〇一九年一〇月号）

「総讃」のこころ

第四回　無量寿如来への帰命

無量寿如来に帰命し、不可思議光に南無したてまつる。（聖典二〇四頁）

1、異国のひびき

「南無阿弥陀仏」は、六字の名号と言われて、私たち門徒なら誰でも知っています。しかしその「念仏」がどのような内容をはらんでいるのか。それについて述べることになると簡単にはいきません。極端に言えば、何年かかっても終わらないのです。

標題の「無量寿」でいえば、「寿」は寿命のことですが、その量は数えられないので無量といわれています。ただし寿のほうは数えられる量を現わして「寿算」ということもあります。亡くなられた方の数え年を「行年」といいますが、地域によっては寿算といいます。それに対して「命」は数えられない「いのち」の方です。無量は数えようのないことを現わしているのです。

そこで「ナムアミダブツ」ですが、「ナム」は音写語で「帰命」が漢訳語です。両者は同じものです。ちなみに「如来」と「仏」も同じです。ただし如来が最初で仏が最後です。仏の呼び名は十種あって「如来の十号」といわれていますが（聖典一〇頁・『岩波仏教辞典』六四二頁（＝第二版では四七九頁））、その場合は「ブツ」が音写語で「如来」が訳語です。

「ナムアミダブツ」は「ナマス（namas）・アミタ（amita）・ブツ（buddha）」というサンスクリットの発音を現わしている（『岩波仏教辞典』六二四頁（＝第二版では七七六頁））のです。意味については何もいっていません。ですから分からないのは当たり前のことで、何もおかしくないのです。まさに歌謡曲「桃色吐息」にある「さみしいものはあなたの言葉　異国のひびきに似て不思議」なのです。

2、宝の山にいりて

「南無阿弥陀仏」は「至徳の尊号」です。これ以上に尊いものはないといえる究極の功徳を示しています。どうしてかといえば万国共通の普遍語だからです。念仏は私たちが現実にぶつかってしまう手に負えない難題を、見事に解決してくださいます。とても駄目だ！処置なしという状態であっても、それを突破する強烈な力を発揮するのです。そして私たちの肩の荷を下ろしてくださいます。大悲の誓願に裏づけられているからです。

ところがそのような状態に居ながら、宝ものに気づかずに空しく帰ってしまうものがいる。蓮師は言われます。「まことに、宝のやまにいりて手をむなしくしてかえらんにことならんものか」（『御文』三帖目第八通、聖典八〇五頁）と。

3、観念の念仏は駄目

念仏は「称名念仏」であり、実際に口で称えるところに深い意味があるのです。では声に出しさえすればいいのでしょうか。そういうわけにはいきません。口称の意味の大事さが分からなければ何にもならないのです。

道元禅師の『正法眼蔵』「第一弁道話」に次の言葉があります。「口声をひまなくせる、春の田のかへるの昼夜になくがごとし、ついに又益なし」です。春になると田んぼで蛙が休みなく鳴いています。ただ喧しいだけで、はた迷惑もいいところだというのでしょう。念仏の真の意味が全くわかっていないのが私たちの称名であるとすれば、猛烈なパンチを食らったことになると思いました。

曽我先生は次の文章を残されました。「観念の念仏なんか駄目である。体験の念仏でなければならぬ。（中略）まことに弥陀の名号は五劫永劫の正覚の果名である。（中略）爾り我の肉でありて、又霊である。（中略）念仏は観念遊戯であってはならぬ。」（「大自然の胸に」『曽我量深選集』巻三、二一一頁）

（二〇一九年一一月号）

第五回　不可思議光の「心」

無量寿如来に帰命し、不可思議光に南無したてまつる。

（聖典二〇四頁）

1、名号は「コトバ」の種子《しゅうじ》

「円融至徳の嘉号」（「総序」、聖典一四九頁）と言われる「ナムアミダブツ」は、「名号」なのですが、「ご本尊」でもあります。その尊さは計り知れないのです。内容としても、無量寿と無碍光を内に包んでいますので、その素晴らしさも譬えようがありません。したがって、「尊号」ともうすは南無阿弥陀仏なり」（『唯信鈔文意』、聖典五四七頁）といわれる祖師の解説には、特別の注意を払わねばならなくなります。

つまり、聖人は、因の名が「名」で、果の名が「号」であるとも了解されているのです。

しかも「コトバ」の含んでいる力とは「意味」のことなので、「意味エネルギー」と言われることもあります。

「人間の下意識にたいするコトバの働きかけを極めて重大視する唯識哲学は、直接コトバに由来する「種子」を、特に「名言《みょうごん》種子」と呼んで、他の系列の「種子」から区別する」（井筒俊彦『意味の深みへ』二九六頁、岩波書店）とある文が参考になりました。

すなわち「唯識」では、名号も「名言」と言われるコトバのことだからです。「名言種子」というのはコトバが「種子」であることを示しています。あらゆるものを生み出す力が種子にあるというのは、コトバにその力があることを示しているのです。その道理を発見したのが天親菩薩でした。

2、一宗大綱の要義

以上の説を踏まえて蓮師は、「南無阿弥陀仏と申すは、こころをもってもはかるべからず、ことばをもってもときのぶべからず、この二つの道理きわまりたるところを、「南無不可思議光」とはもうしたてまつるなり」（『正信偈大意』、聖典七四七頁）と言われます。

示唆に富む指摘であると思いました。特に「考えてわかるものではない」と、「内容は説明できない」というところは、二つの「道理」である点が見事な了解なのです。

つまり『唯信鈔文意』の「こころもおよばれず。ことばもたえたり」（聖典五五四頁）は何の手がかりもない「空っぽ」な心の状態なのではなく、「道理」に依るという確固たる根拠が示されているのです。しかも、「この二つの道理きわまりたるところ」が「南無不可思議光」であるといわれているところも重要です。「不可思議光」という如来の無碍光の智慧に遇うことによって、道理の極まりにまで至りつくことができるからです。「畢竟依を帰命せよ」(『浄土和讃』、聖典四七九頁)の意味が、やっと確認できました。

3、応現する法蔵菩薩

「一実真如の妙理、円満せるがゆえに(中略)この一如宝海よりかたちをあらわして、法蔵菩薩となのりたまいて、無碍のちかいをおこしたまうをたねとして、阿弥陀仏と、なりたまうがゆえに、報身如来ともうすなり」(『一念多念文意』、聖典五四三頁)と宗祖は言われます。そして、この如来が「尽十方無碍光仏」であり、「南無不可思議光仏ともうすなり。この如来を方便法身とはもうすなり」(同前)と解されます。

一如や真如は「いろもなし、かたちもましまさず」(『唯信鈔文意』、聖典五五四頁)です。それでは、私たち衆生は「如来」をどのように理解すればいいのか見当がつきません。そこで、「かたち」と「御な(名号)」をしめして手がかりを与えてくださっているのです。

それが方便法身です。その報身如来より「応化等の無量無数の身をあらわして、微塵世界に無碍の智慧光をはなたしめたまう」(同前)のです。「かたちもましまさず、いろもましまさず」です。しかし何も無いのではありません。「無明のやみをはらい、悪業にさえられず」という具体的なはたらきをなさいます。そのことによって私たち衆生に身近なあり方で応じてくださっているのです。

つまり無碍光仏のかたちは「智慧のひかり」なので、「この不可思議光仏の御なを信受して、憶念すれば、観音・勢至は、かならずかげのかたちにそえるがごとくなり」（同前、聖典五四八頁）と言われます。

「観音勢至もろともに　慈光世界を照曜し　有縁を度してしばらくも　休息あることなかりけり」（『浄土和讃』、聖典四八〇頁）との御言葉が身に沁みます。聖人の深い御心に言い知れぬ感銘を覚えたことでありました。

（二〇一九年一二月号）

第六回　南無阿弥陀仏ハ法蔵魂ゾ　量深

無量寿如来に帰命し、不可思議光に南無したてまつる。

（聖典二〇四頁）

1、よく有無の見を摧破せん

龍樹和讃に述べられる「有無の邪見を破すべしと　世尊はかねてときたまう」（聖典四八九頁）は、「讃阿弥陀仏偈和讃」の「解脱の光輪きわもなし……有無をはなるとのべたまう」（聖典四七九頁）に通じています。「無明の闇」といわれる暗い世界から解放されることによって、有の見と無の見を粉砕できるのです。ほんとうの断・捨・離による解放といえます。

私たちは必要と思われるものが無いことによって悩むことがよくあります。では有ればいいのでしょうか。そうとも言えません。有もまた悩みの種子になります。

ですから『大経』には「田あれば田を憂う。宅あれば宅を憂う。（中略）田なければまた憂えて田あらんと欲う。宅なければまた憂えて宅あらんと欲う」（聖典五八頁）とあります。ここでの「田」は財産のことであり、「宅」は家庭です。要するに私たちは有っても無くても困るのです。その困惑の理由を見つけて巧みに対応できないか。そのことが可能となる慧眼に出遇ったのが聖人なのです。

曽我先生は言います。「心が寂静であるためには、執着を離れねばならぬ。執着があれば、常に心が騒がしい。一人おれば淋しい。大勢おれば騒がしい。心が寂静であれば、一人おれば静かである、大勢おれば賑かである。こういうのは、その心が寂静であるからである。大勢おれば、うるさい、やかましい。一人おれば淋しくて、がまんできない。それは、自分の心が濁っておるからである」（『正信念仏偈聴記』二一八頁）と。

心が濁っているかぎり、どちらも駄目なのです。その心を転換するしかありません。そうすればどちらでも充たされます。その転ずるはたらきの主体を「法蔵魂」と言われていると思いました。

2、機の深信は絶望ではありません

曽我先生は、「自然法爾の、ほんとうの主体性は、南無阿弥陀仏なんでしょう。南無阿弥陀仏とは、信心なんでしょう。真実信心が、自分自身。その体、南無阿弥陀仏」（同前四四頁）といいます。

わかりにくい文章だと最初は思ったのですが、常識的な虚妄の理知によって見ていたからでした。ほんとうの主体としての自分自身とはどの私なのか。通常の感覚で私・自分・己れなどと言う場合、私たちは自分について何も考えていないことに気づかされました。その自分を問い直す必要があるのです。そこから「真」の「宗」の歩みが始まるからです。

ともあれ真実の信心が自分自身であり、その体が南無阿弥陀仏であるというのは、一筋縄ではいかない難問なのですが、その謎を解く手がかりは身近なところにありました。

曽我先生は次のように言います。「絶望だと言うかもしらんけれども、これは絶望でも何でもない」と。なぜなら「機の深信」が「法の深信を呼び起こす」のであって、絶望でしかないというなら「法の深信は出て来ないですよ。絶望したのに、法の深信があるわけはない」（同前四六頁）と。

3、大悲の尊号と憶念の心

最後に「正像末和讃」の「弥陀の尊号となえつつ　信楽まことにうるひとは　憶念の心つねにして

仏恩報ずるおもいあり」（聖典五〇三頁）について述べます。「信楽まことにうるひと」とは、徹底的に自分の罪業深重を思い知らされた「ひと」のことでしょう。聖人御自身のことをおっしゃられたのだと思います。深刻な告白です。それが「機の深信」であるなら、疑いようのない自分の事実を認めたことになります。

自分の背中は自分では見えません。それなのに自分が見えたとすれば、背後から私の惨憺たる事実を照らし出している光明があることになります。それが「法の深信」です。その光明が無碍光如来の光なので「南無阿弥陀仏」の無辺光になるのです。

機と法は異なる面はありますが、分けることはできません。助かりようのない私と、その私を助ける法蔵菩薩との関係も同じです。違うところもありますが、根源は一つです。

「憶念は、信心をえたるひとは、うたがいなきゆえに、本願をつねにおもいいずるこころのたえぬをいうなり」（『唯信鈔文意』、聖典五五一頁）と聖人はいいます。憶念の心は私たちにはありません。それなのに、その「たえぬ」「こころ」が深いところから湧いてくるとすれば、それはまさに他力の本願力より賜わった「つねにおもいいずるこころ」になります。大悲の願心との出遇いが、完全に成就していると言えるでしょう。

（二〇二〇年一月号）

四、〝人間の心の闇〟と生き抜くエネルギー

思いもかけないことと申しますか、新型ウイルスの蔓延ということで、最初に予定していた会が中止となる中で、急遽、私の自宅で米寿のお祝いの会を開きたいという提案をしてくださった方々を中心として、この場所で、私自身がこれまで考えてきたことを踏まえながらお話しさせていただきたいと思います。皆さんのその心のあたたかさにお礼を申し上げたいのですが、嬉しくて言葉が見つかりません。率直にいいまして、この会そのものが今日開かれて、そして私の話を文章化して、いずれは一般の方たちにも公開してお読みいただける形にしていただけるようですので、まず現在の私自身の心境といいましょうか、そういうことから話をさせていただきたいと思っております。

そのことについてなんと申しましても、二年前の御影堂での「祖徳讃嘆」でのお話をさせていただけたご縁は、私の人生にとりまして本当に貴重な経験でありました。あらためて思い出しているところです。今話しながら思いますのは二年前に済んだことですから、そのことを今あらためて思い出し

て、あの時ああであった、こうであったということを、私自身が嚙みしめながら話すことはできると思います。けれども、その題そのものが「生きてまします法蔵菩薩」でしたので、どのような場合でも生き生きと生き抜いていくといいましょうか、そういう力を主題にしていました。今回も思いがけないことで世界中といっていいぐらいの、どこもかしこも国を挙げて人の集まりを自粛するようなことになっています。本日の本山の御影堂も御開山のお像だけはあるとしても参拝者が誰もいない、それこそ伽藍堂だと思っていたのですが、行事は行われているそうです。

いずれにしても二年前の「祖徳讃嘆」の時にご参詣くださった方が五、六千人でしょうか。非常に熱心なご門徒であったとか、そうじゃなかったとか、さまざまな方がいらっしゃったに違いない。あの時も思ったのですが、身体をゆする「坂東曲《ぶし》」の声明がお東にしか伝わっていないということで、物珍しさというか、一般に言われる観光旅行のついでに御満座での約二時間半の勤行に参詣くださった方が居なかったとは言えません。

あの場に参加してくださった方たちも今日ここにおられますし、その状況を覚えておられると思います。その日、マイクの調子が悪かったこともあって、私が何を言っているのか、多くの人はわからなかったようです。そうなるとお参りに来られた方たちも久しぶりに会った隣りの方たちとの話もはずんで、私の話などは本気で聞かれていた方はほとんどいなかったというようなことです。ですけれども、目の前に座って熱心に聴いてくださっていた方たちもいなかったわけではありません。

いずれにせよ、その「祖徳讃嘆」を文章化したものを『真宗』二月号の「祖徳讃嘆」の項に載せていただきました（本書一五九頁参照）。文章化した時に付け加えた部分はかなりの分量になったと思いますが、字数の制限もありましたから自分の思い通りにいきませんでした。文章化されて皆さんの目に留まるような形にはなっているのですが、そのことも含めて思いましたのは、書かれている文章が非常に難しいということです。パッと見ただけでは何のことかわからないという声があちらこちらから聞こえてくる。そういったことが、今回あらためて身をもって感じさせられているところです。「祖徳讃嘆」という大変な役目をいただいて、今生での最後のご縁であったろうということを噛みしめながら「コトバ」化したのですが、その趣旨が皆さんに伝わったとは言えない状態なのであります。

ところがそのことが縁になったのかどうかはわかりませんが、その問題に引き続いて、北海道の教務所のほうから「正信偈」の見直しと言いますか、解説をしてほしいという依頼がきました。現在も真宗門徒として、導師もご門徒さんたちも「正信偈」が暗誦できるほどに読める方たちは、かなりの数がいますが、それは「正信偈」を導師に従ってあげることができるという状態だけであって、あげているお言葉の意味について――導師をはじめとして坊守であろうと若さんであろうと、真宗の門徒でありますーーわれわれ門信徒にとって「正信偈」の意味について「ああなるほどそうでしたか。その内容がそれほどありがたいお心でありましたか」と頷ける状態とは思えない。そしてどちらかというと、その内容について何のことやらわからないと感じていることが多いということを大きな問題と見て、解説を加えてほしいという内容のご依頼でありました。

そして、教務所を中心として北海道全道においてお寺の聞法会がずっと続いているわけですから、わざわざ講師をお招きしてそのお話を聴聞していることを含めて、聞いている住職も坊守もあるいは門信徒も何の意味も感じないというのでは、親鸞聖人に申し訳ないのではないかとのことでした。

「正信偈」をお残しくださった聖人は、今回の題の「生き抜くエネルギー」をお示しくださっているのではないか。今回もそうですが、われわれが自分の人生の真っ只中で思いがけないウイルスの疾患に悩まされている。世界中の人々が巻き込まれてしまっている。集会は禁止され、できるだけ集まらないでくれということになっています。したがって東本願寺といえども伽藍堂の中に親鸞聖人のお像があるだけということになりかねない。御尊像は私が二年前に直接面と向かってそのお心に触れて、「かげのごとくに身にそえり」(聖典四八八頁)ということで、生々しく人の気配を感じる経験でしたので、ああ本当に御開山は生きていらっしゃるのだとの感触をいただいたのでした。その親鸞聖人のはずであります。

ところが今は通常の行事が行えない状態です。そこで親鸞聖人は誰もいないところで一人ぼっちで、お参りに来られる人はわずかしかいないということなのかと、ふと思った。ただぼーっとと言うと悪いですけれど、本堂の阿弥陀如来様と同じように親鸞聖人のお像もわれわれは大事にしている。参拝する皆さんにそんな気持ちは全くありませんということはない。しかし大事にしているからといって、本当に心の底からありがたいと思う心がはたらくでしょうか。

現在のわれわれの心の状態を少し反省してみても、それらが自分たちと全くかけ離れてしまっているように感じています。それは二年前に満堂の御影堂での御満座の時の状態と、本日の両堂の伽藍堂の状態がかけ離れているように感じるのと同様です。私たちにとってそれらはもう全く別の出来事になってしまっています。

そのような心で「生きてましますす法蔵菩薩」と言ってみても、それはただ言葉として、いかにもまことしやかに、もっともらしくわれわれの目に映っているが、生き生きと生きているエネルギーにはなりません。ピチピチというか、ワクワクするような、あるいはドキドキするというか、そういう生きていることから離れて法蔵菩薩について語ろうとしても、それはただの他人事になってしまいます。

そういうことで「人間の心の闇と」という言葉を題に掲げました。われわれが今一人の人間として、今日ただいま生きているという事実に目を向けなければなりません。ここにお集まりくださった皆さんにも、「皆さんは一人の人間として生きていますね」とお尋ねすれば、どなたでも「私は人間ではありません」という人はいないと思います。ですから今回私自身にとってこれが大変な問題なのだということになります。言ってみれば、「われわれ一人ひとりは皆、人間だよね」ということについて否定する人は、今ここには一人もいないのに、ピチピチ、ワクワク、ドキドキする生き方と何の関係もなく生きているのか。それとも、そうではなく本当に喜ばしいピチピチの生き方を求めているからこそこの会が開かれているのか。そういうことを一つの手がかりとして、今回の題の最初に「人間の」という言葉を入れさせていただいたわけです。

「心の闇」というのは、人間であるがゆえに抱え込んでしまう問題があるということです。人間に生まれたということはそんなに素晴らしいことですかということを、皆さんにお尋ねしたいと同時に私自身の中で確かめていきたいです。二年前の「祖徳讃嘆」の時に親鸞聖人が直接私の背中に忍び寄ってこられてといいますか、人の気配を感じたということなのですが、後ろから誰かが私のそばに寄り添ってきたという感じを三十分間の話の終わりのほうに覚えました。そのようにして近寄ってきて非常に厳しく私自身をお叱りになられたのです。まあ一言でいえば、「またお前は誤魔化すのか」と、「一番大事な問題から逃げて、人間に生まれたという事実の持っている最も重要な点からまた目を逸らしている」という厳しいお叱りの言葉でした。

言うまでもないことですが、この経験は私が身をもって感じ取ったことですが、私の意識に関することであって、唯識では「万法唯識」という用語もあるほどです。唯識法相学では普通の教理です。したがって「すべては意識の内容である」ということなので、私自身の意識から生み出された経験になります。したがって、その責任は私自身にある。ただ問題なのは、その責任を取る主体とは私の中のどこなのか。確かに責任を取れますという何らかの証拠があるのか。証拠もなしに勝手なことを言っているのではないのか。それではお話になりません。その謎を解く手がかりが世親菩薩の「唯識三十頌」にあり、親鸞と名のられた宗祖聖人の「一心帰命」の「唯心」のところと関係していると言えますので、その視点に立って考えていくことにします。

そこで題の「心の闇」というのは、どんな問題が仮に襲いかかってきたとしても、それは予想外のとんでもない状態として受け取る私たちの心の問題です。それは現在の世界中の状態ですね。コロナウイルスに対する怯えによって、どこもかしこも空っぽの伽藍堂となったというのか、人間の生きるエネルギーなんてどこにもないのではないかと疑うほどに皆が怯えきっています。おろおろし、きりきり舞いしている現在只今の現実が、「人間の心の闇」を表しています。世界中といってもいいですね。特にわれわれ日本人は敏感というのか、ある意味では図々しいところもあるような気もするけれど、マスコミなり何なり、政府がそういう情報を出すとそれに乗っかるというのか、どなたもこなたもおろおろして、自分自身がどこかへ行ってしまいます。全くどうなっているのかわからなくなってしまいます。近頃、そのことが目に余る。そのような状態になっていませんかねということを強く感じています。それが「人間の心の闇」の一つの現れだと思います。

そこで「祖徳讃嘆」なりあるいは北海道教区のために文章化した出版物というものは、今回の話の直接の理由ではありませんが、その内容がなかなか皆さんに伝わらない、伝えきれていないことが、題の選定の背景になっています。実際に「正信偈」に関する原稿を書いて、六回分を書き上げ、そして最後に十二月十七日に教務所の報恩講で話をさせていただきました。その時はちょうど龍樹大士をたたえて「悉能摧破有無見」と述べているところについて話しました。『高僧和讃』の龍樹讃では「有無の邪見を破すべしと」とあります。「有の見」と「無の見」ですから、「有る」ということと「無い」ということです。その両方はともに邪見になっているから、その邪見を破す。「正信偈」に戻れば「摧破せん」ですから粉々に粉砕することになります。俗に言う「木っ端みじん」です。しかもその五行前には「邪見憍慢の悪衆生」とある。誰のことですか。憍慢は比較の煩悩です。すぐ比較する。いかなる場合でも比較する。唯識では九種類あるという。詳しいことは省略しますが、複雑でしかも微妙なところがある。そのような深い煩悩に支配されている情けないかぎりの私になる。

このことを今の会を例に説明しますと、今回のわれわれの会でさえも、厳密な意味で政府からの国民に対する要請から言えば違反になる可能性もあるのでしょう。「直ちに中止してください」とどこかから言われたら、やめなくてはならない状態なのだということです。そのことも含めてこの会が行われたということは、「有る」、つまり会が「有る」と言っていいですが、中止になったら、無くなって開催されなかったので、「無い」ということになる。だから今回は、無くなる可能性もあったのですが、何とか皆さんが私の米寿を祝ってくださるということで行っていただけました。

そんなことも含めてたまたまだろうとは思いますが、「龍樹和讃」についての話をしてほしいという要望が係の方から出されたということは、まあ偶然といえば偶然ですが、私としては偶然という名前の必然であったとしか言えない経験だったのです。ある意味、どうしても対決しなければならなくなるのが、「浄土真宗」とか、親鸞聖人のおっしゃっているお言葉なのです。対決することなしにその意味について確かな受け止めは不可能です。その言葉の持っている本来性というのか、私どもに呼びかけてくださっていらっしゃるというような感覚は生まれてこない。その深い意味を探り当てなければならないのであって、わかったという「有」の見も、わからないという「無」の見もともに粉砕されなければならない邪見であるということです。

そして、確かな言葉の持っている本来性というのか、私どもに呼びかけ、呼びさまそうとされているその言葉について今回あらためて思いましたが、『真宗聖典』としてわれわれが絶えずその意味を確かめるためにそばに置きながら、宗祖のお言葉を通して今の行き詰まり状態、不安状態、きりきり舞いの状態、手の打ちようのないところでおろおろしている私自身を確かめる必要があるのではないかということです。その意味での「人間」ですね。どうしたらいいのかわからないような私の心の闇が、私を取り巻いて、闇の世界にひきずりこもうとしている。そして闇の世界の中にわれわれがどっぷり浸かってしまっているから、それによって、手の打ちようのないような、さまざまな心配事や悩みが起こります。そういう現実を指して、題では「心の闇」と言っています。振り込め詐欺が現にある。まんまと騙される人は非常に多い。どうしてなのか。騙される私たちの闇の心があるからです。人間の心の闇というものはなかなかの強敵であると、自分の心のことですが、油断ができないとの感を深くしています。そのことが原因となって大変な目に遭うのじゃないか。

そのようなことで札幌の教務所に伺うことになって、依頼してくれた係の方に初めて会ったのですが、優秀な主事でした。北海道は広いです。九州の倍ぐらいある、その全道を統括する教務所の主事です。所長とか、責任者には責任はあります。けれども教務所で実際に中心になって切り盛りしているのは主事ですから、しっかりした人でした。彼が私の『北海真宗』の巻頭の文章を見てくれていた。そして「もうちょっとわかりやすく書いてください」とか、いろいろ気づいたところを指摘してくれて、今回の六ヶ月分の原稿を書くことができたのです。そして最後の題についてもいろいろと話し合いをしてくれていたわけであります。それだけ私の文章に克明に触れていて、アドバイスもしてくれていた彼です。そして当日の私の話も時間いっぱい、充分聞いてくれていました。しかも次の日、空港まで送ってくれたのです。ところが、その時に車の中で「今朝、初めて気がついた」と彼が言ったのですね。つまり私の文章も読み、私の話も実際に聞いていたけれども、一番肝心要のことに思いもかけず、上面《うわっつら》だけしか聞いていなかったと彼が言ったのです。どういうきっかけで気がついたかといいますと、空港へ私を送るために家を出る時に、奥さんと大喧嘩になったのだそうです。その時に

「有無の見」の意味に気がついたらしいのです。

夫婦喧嘩でも兄弟喧嘩でもいい。孫と祖父さん祖母さんでも、あらゆる争いごとの場合のことです。今回奇しくも小谷さんの新著『曇鸞 浄土論註の研究』の中で、彼が私の名前を特に取り上げて、私の説は誤りであると批判している。その主題は上田義文先生の『親鸞の思想構造』という、先生の遺言と言っていいものだと思っていますが、ある部分について上田先生が言っている説と、私自身が理解した受け止め方とは全く違っている。

人間であるわれわれは、人間として生きているけれども、私の場合などは二、三年でお浄土に帰らせていただいても文句を言えない状態です。米寿記念の今日も、その問題を抱え込んでいるのが私です。その私に対してあからさまには言わないまでも、わざわざ「博士」という言葉までつけて私を批判している。今回のことによって私が博士なのであるということは天下に知れわたったのです。これは小谷さんのお陰なんですね。ただし、私を「博士」、「博士」と彼は言ってくれてはいるけれども、名目だけの博士であって中身のない博士であるということを承知の上で、彼は私を博士呼ばわりしている。すべては唯識というところが要であるという視点に立ちながら話しているわけですから、自分が見くだされたという私の「下衆の勘繰り」になります。

それは先ほどの憍慢のためで、私のコンプレックスがあからさまに私自身を振り回している。お前はその程度のへそ曲がりであるし、小谷さんは何冊も著書を出版していますから、数からいえば勝負にならない。それに対して私は専門のものは二、三冊しか出していない。それも本山の安居の講本が多いので、実際に専門のものとして出したのは、擬講論文を出版した最初の『華厳教学序説―真如と真理の研究―』の一冊だけです。九十近くまで生きてきて、たった一冊しか本を出さなかった。その私と、十冊以上かもしれない彼の出している本は、数から比べたら話にならないでしょう。それなのに私を博士呼ばわりするのだから、それこそ下駄博士で、何でもかんでも博士が付けばいいということにはならないといって、もろに私を馬鹿にしていると私にはどうしても感じられる。これが私の唯識だということを、恥を承知で言いたいのです。私の通常の心、私の判断力は、小谷さんのほめたたえるような言い方を馬鹿にしきっていると受け止めている。事実はどうかわかりません。また事実か虚偽かと言ってみても簡単なことではありません。ですから何が私自身のまぎれもない事実かとなると、呆れ果てるしかない私の心の闇です。人間の心というものは予想以上に屈折しています。「心の闇」と題で言っているのは、暗い闇を私自身は抱えて生きているということです。身に沁みてよくわかりましたということです。

ほめてくれているところもあるのだから喜んだらいいじゃないかと思うけれども、とっても喜べない。ほめたふりをしながらとんでもない嘲笑いを陰に隠しているということは人間によくあることです。その人間の心の誤魔化し、口先ではほめているが、内心ではこの田舎者と嘲笑っている人間の心がある。人間の心は、実際にあらゆる悪口雑言を込めながら人をけなしてやまないこともある。人間は、そのような恐ろしい心を抱え込んで生きている。そしてそれが私自身の事実だということを示して、「人間の心の闇」としたのです。

マイケルさんが私とある意味で共通の問題を抱え込みながら、この会に参加してくれています。そのことを含めて、このような形でのご縁も大切にして、どうしても私からマイケルさんにお願いしたいことがあります。しかも私にもまだはっきりとしないところがあるために、どんな揺れ動き方になるのか見当がつきません。ただし右往左往するといってもそれは生きているかぎり、そういう状態に追い込まれると飛んで逃げるという側面が人間の心にあります。殺されそうになっているのに平然と「殺さば殺せ」などと言って、居直り強盗を決め込むようなことはそう簡単にできません。したがって飛んで逃げるのは当たり前だとしても、逃げ場所がない場合もある。その場合どうするかという問題です。今の状況もそうでしょう。ウイルスに取りつかれるかもしれない。その恐怖感があるから、今、日本中が大騒動になっているのではないですか。

そんなことで、そうなってしまう私たちの心の状態と関係しているのですが、話を先ほどの主事のところへ戻しますと、奥さんと喧嘩した時に初めて「百パーセント俺は正しい」、「百パーセントお前は間違っている」という心がはたらいていることに気づいたと言うのです。「俺のほうがちょっとましだ」などではなかった。「百パーセント悪いのがお前だ」と奥さんに対して思い、百パーセント正しいのが俺だと自分に対して思っていることに納得したと言ったのです。百パーセントの自己肯定、自己主張、自分の立場の正当性のみが見える。そのようなことは現実の人間世界において有りえないことです。それなのに自分はそう主張している。そのために世界中のあらゆるところで差別問題は起こる。あるいは生きるか死ぬかで言えば、戦争のために、人を殺すために武器産業があります。そういう産業があるために武器を禁止することができない。そしてそれに携わる莫大な資本が争いごとを利用している。いろいろな事情があるのでしょうが、世界中がそういうことで、人のいのちまで金儲けの材料にする。好きとまでは言わないでしょうけれども、本音の本音ということになると、自分の利益が大事だということになるのです。そういった人間の心の闇がその原因なのではないか。その闇がすべてやっていることではありませんか。

つまり唯識ということで、今回もこういう題を出させていただいているのですが、私としては親鸞聖人か曽我先生か、近代教学ということからも、同様の結論に至ると思っていますが、やはり天親菩薩、世親菩薩に注目する必要があります。唯識の専門家である世親菩薩からすれば、人間の心というものは、もしも肯定するほうで言うなら、こんな素晴らしいものはない。底下の凡愚でしかない私の中でも成り立つかと思われるほどに、素晴らしい心が起こるとおっしゃるのです。肯定するほうから言えば、そうなるのです。

そこで最終結論ということでまず申し上げておきたいと思いますのは、やはり人間に生まれることができたということは素晴らしいことなのです。有りえないことが有りえた「有難さ」です。曽我先生のよく言われることとです。『真宗聖典』で言えば源信僧都の言葉とされる『横川法語』です。「それ、一切衆生、三悪道をのがれて人間に生まるる事、大なるよろこびなり」（聖典九六一頁）。これが今回の結論です。人間に生まれることができた。そのことそれ自体が思いもかけないよろこびであると言われています。これから素晴らしいことがあるというのではない。人間として生まれることができた。そのことが奇跡であるということです。今日の話の結論のほうから言えば、そのような意味合いの問題とまともに格闘し抜いて、見事に勝ち抜かれた方が親鸞聖人であったということが、今回やっと私に確認できたとまず言いたいのです。

それは生き抜くエネルギーに関わってきます。どんなに闇が深くても、そして本当に追い詰められてどんなに驚怖におののいているとしても、生き抜くエネルギーがある。もちろん場合によって泰然自若としているなどということはありえない。そういう、飛んで逃げるしかない事実があることはもちろん認めるしかない。したがって逃げそこなっていのちを落とすこともある。だからといってそれですべてお仕舞いということにならないのが大乗仏教であり、特に唯識の教学なのです。人間に生まれたということは、無くしたいのちのところからもう一度甦る力、エネルギーです。いのちを失ったところから再活性化する力に出遇えるのです。どのような場合でも生き抜くことのできるエネルギーの源泉を見つけることができたからです。その力は自分勝手な自力とは別ですから、他力と言われます。そのような力をわれわれ如き、凡愚そのものでしかない私たち一人ひとりにおいて成就してみせるとおっしゃっているのです。

今の皆さんがどういう状態なのか、そのことをまず確かめないかぎりでは、呑気な妄想の話をしていることになってしまいますので、「心の闇」を問題にしています。そこでマイケルさんも「人間って恐ろしいですね」と言う。その問題は私も「本当に人間って恐ろしいものだ」と思っています。我が事ながら恐ろしい自分です。しかし、この「人間って」と言う時に、注意しなければならないことがあります。

本山で「祖徳讃嘆」の話をした時に、その点を見落としてしまっていました。ちょうどその頃、宮崎県で悲惨な殺人事件があって、一家皆殺しになり、犯人も自殺したという大変な事件が起こりました。そのことはすぐ忘れられて、今となっては誰も問題にしなくなっています。実際に次から次へと身内のところで血みどろの惨劇が起こってしまうわけですから、数年前のことは話題になりません。本山でちょうどその惨劇について話していた。その時に誰かが私の背中のところに忍び寄ってきて、「誤魔化すな。他人の話にするな。お前自身のことだろう。その血みどろの世界はお前自身のことじゃないのか。他人の話にするな」という厳しいお叱りだったのです。「祖徳讃嘆」の時に私の背後に忍び寄ってこられたどなたかといっても、私の後ろには親鸞聖人しかいないのですから、すべてを他人事にしてしまっている無責任極まりない私の態度に対する厳しいお叱りでした。

他人の話にしてしまうと、対岸の火事になる。だから古い言い方をすれば、隣の人の片腕を切り落とした痛さよりも私の小指の先に突きささった小さなとげのほうが痛いという言葉がある。自分のことになると、ほんのちょっとした痛みでも飛び上がるほど痛い。ところが隣の人のことにしてしまえば、その何層倍もする痛みでも全く感じることができなくなる。

「他人の不幸は蜜の味」という言葉があります。北海道にはそんな言葉はないから、家内がよく言っていたので、京都というか、関西ではよく言われるのだそうです。単に「お気の毒に」とか「おかわいそうに」などという程度ではない。他人のことになってしまうと不幸ほど美味しい蜜の味はないのだという。恐ろしい言葉があるものだと思って背筋が寒くなったことがありました。そういうことで昔、色町に出ていた方の世話をしたことのある方からその世界で現実に起こっていることを聞いて、びっくりしたことがあります。しかしそういう問題はつづまるところ全部、金の問題になるのでしょう。損得の問題です。

そしてわれわれからしても、損か得かという問題になると、そこで目の色が変わるんじゃないですか。すべては金の問題に換算してしまっているのでしょう。そこでわれわれが何できりきり舞いになっているかというと、自分の損得のことです。自分の心の恐ろしさについて、殺されるかどうかということも恐ろしいけれども、しかし「地獄の沙汰も金次第」という言葉もあって、あらゆる問題は金で解決がつくというその発想が本当の恐ろしさです。儲かりさえするなら、どんなことでもしてもいいという発想もあります。それが「強欲資本主義」です。人間の本音であることもよく知られています。武器産業を取ってみても、莫大な資本がそこにつぎ込まれて、人間のいのちを平気で儲けのために奪っている。その時にはすべて他人のことになっています。その死は「自分の問題ではない」、「自分の身内じゃないから、いいでしょう」と、他人事になってしまっています。そして自分の冷酷な心のことになど思いを馳せることなく、他人事に変換させてしまうと、どんなことでもできる。しかもこのことは人間の意識のところでしか起こらない。人間の心はこういう闇を抱え込んでしまっている。今、私たちは人間として生きていますが、すでに見るも恐ろしい闇に関係してしまっているのではないかということです。

そしてそういう闇を抱えている人間というのは、単に「私たちは人間ですね」と日頃、思ってはいるのですが、六道に輪廻をせざるを得ないような存在でもあります。源信が言うように、地獄・餓鬼・畜生という三悪道からのがれて、やっと人間に生まれることはできた。六道は五趣と同じことで、「地獄・餓鬼・畜生」という三悪趣に加えて、「人間界・天上界」があって、五趣となります。その天上界には六欲天があると言われます。それらはすべて欲界、欲に支配されている世界のことです。三毒の煩悩で言えば貪欲のままである。しかしそれでも人間は三悪道よりましではないかと源信は言う。

五趣の場合は、分け方が違うだけで、全体としては六道と言う。その中で空しく流されて行くというか、きりきり舞いしていくというか、おろおろと、くり返しくり返し同じことをして空しく過ぎていく。

五趣と呼ぶ場合は、六道の一つが抜けますけれども、何が抜けるかというと、「阿修羅」です。闘争本能のこと、争いです。そこで夫婦喧嘩をした主事の反省の弁を聞いて改めて気づかされたのは、喧嘩の場合はいかなる喧嘩でも、必ず「百パーセント私は正しい」、「百パーセントお前が悪い」ということになる。何の苦労もなしに必ずそうなる。間違いなくそうなる。百パーセントというようなことは私たちの日常の経験ではありえません。そこでその事実を利用する方法が見つかったならば、どうすることもできなくてお手あげである状態であっても見事に解決するのではないか。それが唯識の問題、天親菩薩の唯心の問題なのです。だから天親菩薩という深層心理学の天才の示唆によって、「真」の問題の正態を見破ったのが我らの宗祖聖人であることがはっきりしたのです。インドの人である天親菩薩——世親と呼んでも同じ人です——その世親菩薩は、われわれの心の闇に隠れている奥深さを明らかにしてくださったのです。

親鸞聖人は、そのことを真正面から受け止めて、それと対決されました。いざとなっても逃げるのではなしにあえて立ち向かった。殺されてもやむをえない、死んでもやむなしというところに立たれて、見事にその問題を乗り越えられた。比叡山での二十年間のご苦労を重ねた結果、途中で降りられた。言い方を換えれば中途退学ですから、落第生です。そしてその六ヶ月後にやっと法然門下に入られた。半年、六角堂での参篭が約三ヶ月、法然上人の禅坊に通われたのが約三ヶ月。その法然と出遇っていかれることを通して九十年の生涯をはたされた。そしてお言葉を残してくださって、それが今われわれにこの『真宗聖典』としてとどけられています。

その親鸞聖人が今どこにいらっしゃるのかとなった時、ふと「あぁ今、私の後ろにいらっしゃる」ということに気がついたのです。つまり、この事実を話さないとだめだろうということなのですが、その点を抜かすと意味がないことになる。二年前に私を厳しくお叱りくださったと同時に、まだお前には果たすべき業があるだろうとまで言われて、なすべき責任のことまでおっしゃられた。できもしないことはやらなくてよろしい、お前自身にできることがあるだろうということです。どんなにささやかに見えようと、一見、つまらなく見える場合でも、果たすべき責任がある。先ほど言ったように、われわれの普通に物を見ている眼そのものが頼りにならない。場合によってはとんでもない錯覚に陥っていながら、そのことに気づかない。そのような形で物事を見ることによってしかあらゆるぶつかり合いは成立しない。しかしよく考えてみると、百パーセントの問題が百パーセントのままで人間を支配するなどということはありえないはずです。それなのに人間の心でそうなってしまうというのは、無意識のうちに何者かがはたらくことによって、その誤魔化しにまんまと目をくらまされてしまっているからではないか。いわば、有りもしないことが確かに有るというように幻想してしまう。後ろで親鸞聖人が私自身に語りかけられて、そのことをはっきり言わなくてはだめじゃないか。そのことが納得できないと「意味なし」と言ってくださっていらっしゃる。それなのにそのことをなかなか皆さんに伝えることができない。適切な言葉で表現できないために、皆さんが頷いてくれるというようにはならないということです。いわば言葉で話をすることも、またそのことを後で文章にするとしても、どれだけ力を入れて書いても、読む人から見ると何のことかぜんぜんわかりませんということになる。『華厳経』の「入法界品」で言えば、舎利弗も目連もお経の教言が聞こえないし見えなかったと言われています。「見れども見えず、聞けども聞こえず」です。そのような眼と耳を直接経験の場としている五感そのものが、味も香りも触れあいも含めて五つの世界なので、前五識と言われています。第六番目に意識の世界がはたらく。身体に関する直接経験である五つの世界に対して、第六番目だから第六意識というわけです。その第六番目の意識がわれわれのものを判断するはたらきです。今皆さんが私の話を聞いてわかったとかわからないと思っている。それが第六意識です。

私も第六意識である私の心で、今こういう話をしている。まぁ、あっちへ行ったり、こっちに来たりというような話をしている。それが今の私の意識の状態なのです。そのことと関連しながら、そういうことになっているその成り立ちの根拠のようなところ、一番逃げようのないところですが、どうしても縛られてしまうのは何かというと、要するに金の問題ということになるのじゃありませんか。あらゆる状況の中、どんな聞法会であろうとも、どんな立派な勉強会であろうと、お話を聞いた時にはなるほどと首肯くことができる。しかし本堂から出た途端に階段のところに財布が落ちていたとすると、今までの話をころっと忘れてにっこり笑って拾うじゃありませんか。そこで拾って警察に届ける人もいると思うけれども、その人でさえも、届けようか、それともそのままねこばばしようかという心に悩まされない人がこの世に一人でもいるのだろうか。その問題です。つまり金の問題というのはゴーンさんだけのことではない。あの人の問題は、笑えないわけです。その意味でゴーンさんは「私の中のゴーンさん的要素」ということになる。他人の話だという立場で問題の本質を見失ってしまうと、すべては自分とは関係のない話になる。冷酷になってしまう。生きているピチピチのエネルギーなどとはどこからも出てくるはずがない。その問題があらためて問い直されたということです。

『横川法語』のところで言うとすれば、「一切衆生、三悪道をのがれて、人間に生まるる事、大なるよろこびなり。身はいやしくとも畜生におとらんや」（聖典九六一頁）とある。その意味をあらためて確かめることにすると、今、われわれは地獄・餓鬼・畜生という三悪道は逃れることができた。だから人間なんですよといわれている。ですが、大変なことが起こっているということなのですが、『横川法語』のおっしゃっている意味がわかっていないと、「本当にこんな嬉しいことがあるのですね」という実感が完全に欠落してしまうのです。まず人間に生まれたということから始まって、これから特別のことがあるという話ではなかった。人間に生まれることができたということが、驚くべき喜びなのであって、これ以上のことはほかにありませんということなのですが、そのことの本質的な意味に気づけないために、「ああならないとだめ」、「こうならないとだめ」、「こうなったらいい」、「ああなったらいい」と考えてしまう。そのような状態に引き込まれて収拾がつかなくなっている。どうしてそうなるのか。何の理由もなくそうなってしまうなどということはありえない。思いもかけない闇の心があるからです。いわば無明の闇です。

人間に生まれたということはそれだけで素晴らしいことである。こんな嬉しいことはないという問題なのに、その知見を妨げる心の闇がある。そのためにものの見事にその闇の世界に引きずり込まれてしまう。とんでもないことになってしまう。「身はいやしくとも畜生におとらんや」と言われている。いやしいものとしてのその畜生道よりも、もっと情けない有り様を平気で現している。姿や形は確かに人間である。だが、為すこと、言うこと、思うことの三つの業のことです。ここのところを、最近出た本なのですが、『サル化する世界』（内田樹著、二〇二〇年、文藝春秋）という本の提起している問題なのですが、是非考えていただきたい。「今さえよければ、自分さえよければそれでいい」という「サルたちは、未来の自分が抱え込むことになる損失やリスクは「他人ごと」だと思っている。（中略）「こんなことを続けていると、いつか大変なことになる」とわかっていながら、「大変なこと」が起きた後の未来の自分に自己同一性を感じることができない人間だけが「こんなこと」をだらだら続けることができる」（同前二二頁）と言うのです。要するに今の混乱状態とはどういうことかといえば私たちの心の闇に関係しているのであって、「今さえよければそれでいい」、「自分さえよければそれでいい」という二つの手がかりによってサルと同じじゃないかという気鋭の評論家の提言です。彼が親鸞聖人の書き残されたものを読んでいないことはわかりましたが、かなり広範な領域、政治から経済や教育などまで鋭い視点で論じていることからは多くの示唆を与えられました。

われわれはこうしていろいろな学びの会の縁をいただいている。今回のご縁もいい加減な気持ちではない。できるだけ意味有らしめるようにということを思います。そこでいろいろ考えさせられているのですが、今の「サル」とあまり変わらないのではないかという評論家の提言ですが、それに呼応する親鸞聖人のお言葉が『尊号真像銘文』末にあります。「「獼猴情難学」というは、この世の人のこころをさるのこころにたとえたるなり。さるのこころのごとくさだまらずとなり」(聖典五二九頁)というお言葉です。猿が枝から枝へと飛び回って一瞬たりともじっとしていることがない。動物園の猿でさえもできるかぎりの範囲内で飛んだり跳ねたりしますから、野生の猿になればなおさらです。自由自在に飛んだり跳ねたりしている。一時としてじっと心を集中させることなどもない。この問題は『観無量寿経』で言えば、定・散の二善のことです。人間に生まれたことを喜ぶべきことであると言えるとしても、そのような、何一つ物事に打ち込むことのない心を抱えている。しかしそれでも「この世の人のこころ」は天の世界と同じく善道です。その世界が六道ですが、三界で言えば欲界なので六欲天と言います。天の世界の最上が有頂天です。喜びの絶頂ということになる。その意味において三悪道に比べたならば、人間界と天上界は善道で、その天上界は神々の世界であり、下天とも言われる四天王天から始まって、欲界の天の一番上は他化自在天です。

そこで考えておかないといけないのは、仏教から言えば神様といってても人間よりちょっとましな程度であるということです。いわゆるキリスト教とかイスラム教では絶対者としての神が中心です。それに対してインドの神は、神々の世界といっても、人間よりランクがちょっとましだというにすぎない。善か悪かと言えば人間も神も善き世界になる。そういうことで善と悪とが対応している。善人と悪人の問題でもいいです。そのような状況の中できりきり舞いしているのが、われわれではないかということになるのです。

ところでその善人か悪人かという問題について「弥陀の本願には老少善悪のひとをえらばれず」(『歎異抄』、聖典六二六頁)と言われています。このことは親鸞聖人がわれわれに残してくださった「弥陀の本願」に関係があると思ったのです。いわば「本当に願っているもの」、われわれが心の底からそれを手に入れたいと願っているものです。その本願の持っている力、その力に出遇うことができなかったなら、問題の解決などあり得ないということです。言い換えれば本願力に出遇うことさえできれば、解決しない問題など存在しないということです。

その願力とは逆の方向の、自分さえよければいいのだ、目先さえよければいいのだという「サル」なみの人間が、いたるところにはびこって、もっともらしいことを言い立てている。つまり時間を少しずらされるだけで問題の本質を見失うということです。われわれは必ず時間の中で生きている。そのために過去というものがあり、現在となり、未来となっていくと思い込んでいる。時間を超えて生きることができるなどとは夢にも思わない。それでは「本願力」の問題になど出遇えるはずがないということです。

したがって、その枠内にはまってしまうと毎日似たようなことを常にくり返すだけになる。一週間か十日くらいの間隔で毎日毎日ワンパターンをくり返していく。それが輪廻だと、インドの人たちは考えてきた。それに対して欧米の人たちもインドの人の輪廻という考え方に対して関心を持ち始めています。これまでの欧米の考え方は非常に理性的というか、知的というか、それも大事な方法であるけれども、先ほど言ったように第六意識の理知による普通の判断になってしまう。われわれがどうしても立たざるを得ないところであるが、そのものの見方に限界があって、うまくいかない。いわゆる行き詰まり状態です。そのような物の見方のところを絶対的な依り処として問題を解決しようとしても、突破口が見つかるはずがない。そこで対立する者同士が互いに排除し殺し合うことさえある。衝突になってしまう。相手を対象化することによって、他人になる。そうするとその不幸は蜜の味になって、切り殺そうとなぶり殺しにしようと、金儲けの材料になるならば何でもする。徹底的に利用しようとする。まさにその蜜の味の旨さに酔いしれて何を仕出かすかわからない。そのような人間の心の闇の世界といわれる領域が奥深いところに潜んでいて、その枠組みの中に閉じ込められてしまうと、とんでもないことまでやってしまう。それが「人間の心の闇」です。

そのようなことで『尊号真像銘文』末を見ると、親鸞聖人のおっしゃっている通りだと思ったのです。「この世の人のこころをさるのこころにたとえたるなり。さるのこころのごとくさだまらずとなり」（聖典五二九頁）。われわれの心は、一時としてじっとしていることができない、常に飛んだり跳ねたりしている。その猿の状態は私たち凡夫の心に譬えられているのだと言われています。私が愕然としたのは、気鋭の評論家である内田樹氏がかなり広範な視点で問題を論じていることが、親鸞聖人のお言葉に合致している点です。逆に言えば、最新の分析や論評は今の混乱状態を見事に言い当てている。現在の状態を的確に指摘していることになるわけで、それが親鸞の人間洞察とそのままぴったり当てはまると思いました。私としては天親菩薩と曇鸞大師の、お二人から一字ずついただかれて親鸞と名のられた祖師の真意には、計り知れない裏づけがあったに違いないとの感触を得たのです。つまりインド的なものと中国的なものの素晴らしい特質を保持しているところです。「いいとこどり」と言うと誤解されそうですが、かまいません。その事実を踏まえたうえで、それをわれわれに「浄土真宗」としてお示しくださったのではないか。親鸞聖人という方は「ただ人に非ず」です。世界中の何処へ出しても通用する。そのことが再確認できた気がしたのです。言うまでもありませんが、この感じはすべて私の意識の内容として唯識に関わっていますので、押し売りするつもりはありません。

しかし私自身にとってはあまりにもきっちりと急所を押さえていらっしゃる。ものの見事に問題点が出されている。その方が宗祖であることの驚きでありました。と同時に何の気もなしにお聖教だけを見ていたことに気づかされたので、その衝撃は大きかったということです。

そういうことで「祖徳讃嘆」で非常に厳しくお叱りをいただいたと同時に、「お前の責任を果たせ」という励ましのお言葉にも感銘したわけです。反省すべき点が多々あることをあらためて思い知らされました。そのこともあって、北海道教務所からの依頼についても偶然とは言えない大事な意味のあることに気づかされました。

今回、特に愕然としたというのは、二十九歳で「雑行を捨てて本願に帰す」と言われている、その本願に帰した選択の問題です。「選択」の本願に帰したというのは大変なことだったのではないかと、ふと思ったのです。われわれ凡愚が事象だけを見て、「そんなものですか」という程度の受け止め方のことではない。選びに選んだというか、命がけで決断したというような、血のにじむような経験をなさったのでないか。本願に帰命したというのは、帰するところがやっとはっきりしたということで、求めに求めていたものの確かな手応えを全身で感じ取ったと言われているのではないか。

その時に先ほどの儲かるためなら何でもするという心はどうなるのか。人間の心の闇からすれば、私の物は私の物で、あなたの物も私の物と、本音を言ってもいいというなら言いたい。すべて私の所有物にしたいという心がはたらく。損得の問題は恐ろしい力をもって人間を支配している。お金の問題にはそれだけの内実があると思うのですが、すべては金に換算できるということです。そのような現実だけで生きていけるなどということはありえないと思う心がちょっとくらいはありそうな気はする。そのようにどうしても言いたいと思わないわけではない。けれども先ほど言ったように、話が終わって本堂から出た途端に落ちている財布を見つけたとすれば、その思いはどこかへ飛んで、拾った時の私の心が迷いに迷うということは間違いないでしょう。届ける場合もあるかもしれませんが。

けれども迷う心そのものが実は、私の判断力の基本である第六意識なのですが、それを支えている。恐ろしい何らかの力が、強烈にはたらいている。それによって私の判断力がすでに取り込まれているからではないか。それは「無意識のところで」と言わせてください。私にとっては捕まえられない。私がそれを「こいつだった」と意識することはできない。そのような形で私の判断力をきりきり舞いさせる心があるからこそ、そういうことになるのではないか。どうしてそうなるのか。これまでに私が実際に経験してきたとしか言いようのない汚い行為の「種子」を自分の中に持っているからであって、詳しく言えば人間に生まれる前からの行為に関係していることになる。それに類する何かがあるために、それが出て縁がそろうと一発できりきり舞いさせられてしまう。そのような経験の種を私は自分自身の中に貯め込んでいるのであって、種子もなしにそのようなことが起こるはずがないと言うのです。種子とは「原因」のことです。それが唯識での種子についての考察になります。

われわれの経験というものは、経験そのものが私自身の身につくのではないと言います。実際に行われている経験はすべてが種子に変換されて、われわれの生きている「命」の蔵の中に貯め込まれていくという考え方です。それが第八アラヤ識と言われる根本識です。そのアラヤ識は「蔵」の意味があるので、蔵識と言われます。種子が溜る場としてのはたらきのことになります。その時にマナ識というはたらきも生ずると言います。「マナス」というのは「思う」という意味です。ただ思い込むだけです。何を思い込むかと言えば、自分を生み出したアラヤ識を「我」と思うのです。無意識のうちに思い込んでしまう。ひたすら思う。その場合、第八アラヤ識が母親の立場で、前五識と第六意識と第七マナ識は子の立場です。そのような経験を私たちはこれまでに、くり返しくり返して積み重ねてきたのではないかと言うのです。そのために普通の判断力で物事を考えていると思っていますが、そうではないと言うのです。「わかっているけど、止められない」ということがよくありますが、「わかっている」という作用は第六識のところで、「止められない」のは第七・第八識です。理知としての意識はマナ識に支えられていますので、マナ識には勝てない。どうしてもそれに支配されてしまうのです。必ず、「またやっちゃった」となる。

選択本願のところへ戻ります。「選びに選んだ」ということがまず第一。そして選び取った時に私の物だという無意識の判断がはたらく。しかもあなたの物も私の物だという心が大きな顔をして前面に出てくる。選び取ったのだから私の物だということでは済まずに、その選び取ったものが私にとって都合がいいものであればあるほど、それに執着する。そこで出てきているのが本音の世界です。具体的には私の所有物に見えますが、われわれの本音の世界はどういう心であるか。その本音は私自身のことになるので、「我執」になります。それがマナ識の思い込みの正態です。

本願の問題ということで、本当に願っていることが本願だから、「本願力にあいぬれば」ということになるとしても、その時の本願は本音の話で勝負ということになってくるわけですが、あまりにも酷すぎる自分の醜い本音という面もありますから、「人様の前ではよう言わんわ」というほどの無惨な自分ということになります。その自分を取り繕って誤魔化し続けていく。自らの人生をそのままにしておいていいわけがないので、何とかつじつま合わせをして本音は隠す。あまりにも恐ろしくて本音なんか出せないから、本音の映る鏡が私の前にあったとすると皆さん、その鏡の前に立てますかとなった時に、「立てません」という人がほとんどですね。我が心ながら恐ろしい。その心がアリアリと映る。本音の鏡です。ところがそんな鏡などあるはずがないから、差し当たってこのままでゆくしかないと居直りを決め込んでいる。それが私たちです。

対して曽我先生のおっしゃり方であると同時に、親鸞聖人のお言葉は違います。「浄玻璃の鏡」は実在すると言われます。三途の川を渡る時、閻魔の庁にあるその鏡の前にぶら下げられる亡者の為した行為は、すべて現行犯として写し出される。実際に行った通りに再生される。現代でも消したものも再生されます。それと同じです。よくニュースに出ますが、賄賂をもらってばれてしまった時に、忘れましたとか、秘書が秘書がとか、家内がとか、写っています。今でもやっているでしょう。必ず自己弁護します。覚えていませんという場合もある。しかし「仏かねてしろしめして」（『歎異抄』、聖典六二九頁）で、仏さまから見るとバレバレだというのです。現代の最先端の科学的技術を何千年も前からわかっていた。インドの人というのは不思議な民族なのだということです。人間の記憶力というより、われわれの生きている命の歴史として記録されている遺伝子のことになります。したがってそれは誤魔化しきれない。借りたものは借りたもの、盗んだものは盗んだもの、殺したものは殺したものです。その行為そのものはすべてプラスとマイナスで清算される。この世では誤魔化しきって返さなくて済んだとしても、次の世で返さなければならない。次の世でも返しそこなったら、その次の世で必ず返す。どこかで借りたものは返す。そのようにしてプラスとマイナスをゼロにする法則が、インド民族特有の正しい意味の輪廻観というものです。死んでしまえばお終いだから返さなくていいという人たちもたくさんいます。しかしそれは自分勝手な期待感が造り出した幻想にすぎないのです。本当の閻魔さんは事実として実在していると、インドの人たちは考えているようです。

ところが弔いとか死者を大事にする法要とかが行われなくなりつつあります。私たちの身の回りがそうです。親もなければ子もないという風潮がはびこりつつあり、親と子の間でさえも他人事になっていますから、先祖代々などという感覚が消えつつある。

それに応じて「今さえよければそれだけでいい」、「先のことはどうでもいい」となっています。しかしその「今」というものが、どういう意味合いの重さを持って過去と関わっているかを考えなければなりません。意識と無意識とを問わず、すでに行ってしまった行為、「やっちゃった」、その責任を免れることはできないのです。まさかこんなことになるのだったら賄賂ももらわなければよかったという思い。こんな悲惨な血みどろの状態で支払いをしなければならないのなら、やってしまったことはとんでもない間違いであったとなる。こんなことはもう沢山あります。われわれの回りを取り囲んでいてどうしてみようもないような恐ろしい世界がわれわれの現実です。その事実を認めるしかない。どうしてもそのような確認から始めるしかない。成り立っている事実の根拠を感知するのです。

その時に、今回はどうしても上田義文先生の提起された大事な問題と関係してしまいます。「自然法爾章」という非常に重要な宗祖の御遺言と言われる文章です。『末燈鈔』（聖典六〇二頁）にも載っているし、和讃の最後のところにもある。ほとんど内容は同じです。「自然」の「ありのまま」、「そのまま」の「法爾」と言われるあり方の問題です。そのことも含めて、親鸞聖人が「浄土真宗」というお言葉で「浄土」の問題を仮に設定するとしますと、それは大地性を表わすある確かな「依り処」を示していることになる。ゆらぐことのない確実さを内容としている何ものかを「浄土」と言っているのです。

その問題を明らかにするためには有りもしないユートピアをでっち上げて善男善女を惑わす、いわゆる詐欺行為の「儲かり話」であってはならないでしょう。要するに損得の関心だけで問題を見て、それが利益になるという大儲けのところに焦点を置く。その判断をなす私たちの理知を「罪福心」として問うのが『観経』です。罪福心の「罪」は悪業のことですから、その悪業の清算を因果の道理に則して行う場合に「苦しみ」の状態で清算すると主張するのが唯識の立場です。それに対して「福」は幸せのほうなので、福と言われます。それは、快適な状態です。つまり「上手くいった」という楽の状態です。こんな素晴らしいことがあるのかというほどの楽の極まりなので「極楽」と言い、その場所が浄土であると考えて、そのような極楽浄土に生まれることを期待する。自分に都合のいい死後の世界であると思い込む。

そんな人が本当にいるのかどうかわかりませんが、いないと断定することも簡単ではないかもしれません。つまり、そのような世界があれば最高であると無意識のうちに思い描いて、その死後の世界こそ望むところと憶測する。その世界はズボラであろうと、やる気なしであろうと、無責任極まりない甘ったれであろうと、それがわれわれ凡夫なのだと居直っているだけであろうと、その凡夫を無条件に助けてくださるのが大悲の阿弥陀様の結構な「摂取不捨」であると自分に都合よく考える。その仏さまが他力の大悲の如来様であるという説のようです。そのように誰が決めているのかというと、自分の罪福心です。そういう仏さまがいてくれるなら、そんな嬉しいことはないでしょう。確かに助かります。しかしそんな虫のいいことが実際にあるでしょうか。道理として、あるいは法則としてです。因と果の法則としてあり得るでしょうか。そのようにでっち上げて、どんなにやる気のない、だらしのない私であろうと、その凡夫を助ける如来様がいらっしゃるのだと、堂々と声高に主張する。そのような意味の浄土論になってしまう危険性はないでしょうか。

今回、力を込めて私をぼろくそにほめてくださっている努力に対しては本当に頭が下がる状態であることは事実です。実際にその通りという面も私の文章にはあります。どのように批判されても止むを得ないところもある。それらはすべて他人のことではなく、私自身のことを言ってくれていると受け止められるようになったために、そのような私の事実が外から見るとはっきりわかるのであって、自分ではそのことが認められないだけなのだということに気づかされたのです。そうなるとわれわれ一人ひとりの主人公としての真の主体を問えるようになるのです。それが親鸞聖人の「親鸞一人がためなりけり」(『歎異抄』、聖典六四〇頁)のお心でした。これは「祖徳讃嘆」の時に厳しいお叱りを受けたところで大体わかっていたのですが、あちらこちらで話をさせていただいたり、この問題についての文章を書く機会を与えられたりして、やっとはっきりしてきたところです。つまり、「法蔵菩薩はお一人であります」としか言いようのない法蔵菩薩もいらっしゃる。「法蔵菩薩は孤独の如来である」(『曽我量深選集』三、二七頁)、私の法蔵菩薩は私の法蔵菩薩ですと言うしかありません。皆さんの法蔵菩薩は、皆さんの法蔵菩薩です。

このことが一つはっきりしました。その法蔵菩薩が私の後ろに忍び寄ってきて私をこっぴどくお叱りになられた。と同時に、またなすべき責任を果たせと励ましてもくださった。この経験の一人ひとりというのは皆さん一人ひとりのことです。「ひとり」において起こることです。十把ひとからげでは起こらない。多数決とも関係がないのです。私の法蔵菩薩と皆さんの法蔵菩薩とは同じなのです。別だという面もありますが、皆さんの法蔵菩薩は皆さん一人ひとりの法蔵菩薩ですから、当然のことです。だから私の法蔵菩薩と皆さんの法蔵菩薩とは別々です。そう言える面もあります。どうしてそうなるかと言えば第六意識で考えた場合です。どうしてもそうなる。同じだということについて、自分でも納得いかないし、そんな馬鹿なことはないと思えるのです。ですが思えるというのは思議するということでした。思い計ることです。思い計るのが第六意識の役目だから、思議することになります。その思議し、思い計るところで言えば納得できないのです。けれどもそれを否定して「不可思議」とか「不思議」という世界に遇うと、理知では納得できないのに確かに不思議なはたらきに支えられて生きていることを感知できる。「正信偈」の二行目に「南無不可思議光」とあるでしょう。不可思議だから、理知の世界で見ると確かに納得できない。けれども生活実感としては実際にそうなっていますね。「今」です。そしてその不可思議の世界に支えられてわれわれは生きていませんか。

それによって不可思議の世界は摑もうとしても摑めるものではない。虚空に譬えられています。「光雲無碍如虚空」（『浄土和讃』、聖典四七九頁）です。今、空気がわれわれを包んでいるでしょう。つまり、空気というものは万物が包まれるものであって、空気が地球を包んでいるから、われわれはそのことによってやっと生きているのです。同時に、うまいことといいますか、引力もはたらいている。どうしてそのような力が地球の内部ではたらいていてくれるのか。それによってしっかり歩ける。さまざまな行動を行うことができる。しかも地球の持っている引力は私たちが自分で作ったものではないのです。われわれの計らいとか計算、「ああしなくちゃ」、「こうしなくちゃ」という思い計りとは全く別の力です。不思議な力が引力としてはたらいていて、太陽の周りを三六五日かかって地球が猛烈なスピードで飛んでいる。バラバラにならないのはちょうど適当な引力がはたらいているからです。そういうことが実際に行われている。したがって、それはわれわれの思議の世界とは別のある力がはたらいているとしか言いようがありません。それが真宗で言う「他力」であり、「仏力」です。

そして「願力」に通底しているのです。別の世界となるとわれわれは自分勝手なところがあり、自分さえよければいいという「我執」に支配されていました。自分の損得問題になると、親でも殺す、子でも殺すことがある。場合によることは言うまでもありませんが、条件さえそろえばそうなる。いくらでも起こる。「さるべき業縁のもよおせば、いかなるふるまいもすべし」（『歎異抄』、聖典六三四頁）です。そのことを引き起こしてしまう心を「自力の執心」とも言います。気鋭の評論家の提言は、真宗の教言で言えば「自力の執心」だと思ったのです。「今さえよければ、自分さえよければ、それでいい」というのは、自分だけよければ他の人はどうなってもいいということです。われわれはそういう恐ろしい心の持ち主です。自分だけが大事だという自己中心性だけの生き方です。その状態になることもある人間の心とは別だから、他力と言うのです。

「他力の本願力」と言う。その他力とは自分勝手さとは異質の意味の他力です。「ああしたい」、「こうしたい」とか、「ああなりたい」、「こうなりたい」という願い事の中で生きているのが私たちですが、しかしそれは枝葉の願いにすぎません。そのような願いは手に入ると直ぐに次の物、次の物といくらでもほしがっていく。すべて本願ではないからです。

本当にほしいものは別なのです。本願力というのは、これこそが本当にほしいものでしたと言いきれるような、根っこ、根本に関わる願いです。別世界の「願」です。われわれの自力、自分勝手な自我関心とは全く別ですが、そのことに気づくためには、人間の自我関心の強烈さは計り知れないところがあることが確認されなければならないのです。そのことを覚知させてくれるのが本願力です。その本願力を「観仏本願力」（聖典一三七頁）というように観察する。『浄土論』の中心になっている「不虚作住持功徳」です。虚偽のない住持する力のことです。嘘のない本物です。本当に願ってやまないものというのは、そのようなあり方でわれわれ自身を包んでくださっているのだという感知です。

その世界はどんなものかとなると、空気のようなあり方になることは先ほど言いました。摑むことはできない。その意味で捉えようのないところは確かにあります。それをあえて「自然法爾」と言われるのが祖師聖人なのです。龍樹菩薩の言い方でいえば、何も無くなってしまうことになりますが、ただの「無」ではありません。空ずるというはたらきなので、否定することですが、虚無論の無ではないのです。どういうことかと言えば、私たちはどうしても物事にしがみつく。そして自分勝手になってしまう。そういう心がわれわれの中で無意識にはたらいています。その闇の心を空ずる、否定するのです。乗り越えると言っていいかもしれません。そのエネルギーと関係しながらすべてを固定化するはたらきを破るのです。

そこで今回、思いもかけずということなのですが、『教行信証』を見ておりましたら、「行巻」の「一乗海釈」のところに目が止まりました。申し上げておりますように『教行信証』の「行巻」は念仏についての釈です。「行巻」の冒頭に「大行とは、すなわち無碍光如来の名を称するなり」（聖典一五七頁）とあります。非常に重要なお言葉を御自釈で残してくださっております。ですから「南無阿弥陀仏」の問題と言ってもいいのですが、「六字の名号」で言えば「南無阿弥陀仏」であるし、天親菩薩の『浄土論』の言い方ならば、「帰命尽十方無碍光如来」で十字の名号になります。「世尊我一心帰命尽十方無碍光如来」のところです。その名号の問題が一乗として釈されています。「これしかない」ということになるという問題と関係してきます。

その時に「正信偈」の直前に「菩薩は仏に帰す。孝子の父母に帰し、忠臣の君后に帰して、動静己にあらず」（聖典二〇三頁）とあります。そこの問題のところに私自身の目が向いてしまいまして、

『北海真宗』（二〇一九年十月号、本書一八三頁参照）の巻頭言でも取り上げましたが、それを皆さんにもう少し具体的な形にして話したいと思っていましたところ、その直前の御自釈が目に留まったわけです。

「おおよそ誓願について、真実の行信あり、また方便の行信あり」（聖典二〇三頁）とあります。その真実の行が大行の願で、念仏申すということに意味があるということとどうしても関係する。それが「諸仏称名の願」で第十七願の問題です。第十八願が真実の信心の問題になるのですが、行の問題と裏表のようにして信の問題と関係している。「至心信楽の願」という「信願」を指して、次のように述べています。「至心信楽の願なり。これすなわち選択本願の行信なり。その機は、すなわち一切善悪大小凡愚なり。往生は、すなわち難思議往生なり。仏土は、すなわち報仏報土なり。これすなわち誓願不可思議、一実真如海なり」（聖典二〇三頁）と。この御自釈が突然、目の前に浮かび上がってきたのです。「称名」念仏だから、ただ「なまんだぶつ」と言っていればいいという面もありますですが、また「念仏もうさんとおもいたつこころのおこるとき」（『歎異抄』、聖典六二六頁）ともありますので、心の中で思い浮かべればいいというおっしゃり方です。

「一実真如」ということも簡単に済ましてしまうことはできません。中身そのものが充実しきっているというのが一実の「実」です。「まこと」そのものの「一如の願心」でしょう。真如と一如は同じ内容を示しています。したがって、如来の誓願としてお誓いくださって、私たちを助けると言ってくださっている。その心そのものに直結するような約束をしてくれて、それが「一乗海」の内容になると言われています。ここにしか手がかりはないと言われているところが、一乗の「一」のところです。このことは『唯信鈔文意』の「「唯」は、ただこのことひとつという。ふたつならぶことをきらうことばなり。また「唯」はひとりというこころなり」(聖典五四七頁)に呼応していると思ったのです。ここのところというか、「ひとつ」というその「一」が「ただこのことひとつ」の「ただ」で「ただ念仏」にも通じる。それと共に、「信ずるほかに別の子細なきなり」(『歎異抄』、聖典六二七頁)の「ただ」にもつながっています。そして万人を助ける「ただ」になって、その事実を裏づける内容とも当然関係してきます。

そこで今回、はっと気がついたというか、その二頁前から続いている「何何の如し、何何の如し」とおっしゃりながら、「悲願」についてさまざまな譬喩を出しています。この御自釈はその結論のところになっているのでなおさら思ったのですが、その中に「なお利斧のごとし、一切諸苦の枝を伐るがゆえに。善知識のごとし、一切生死の縛を解くがゆえに。なお導師のごとし、善く凡夫出要の道を知らしむるがゆえに。なお涌泉のごとし、智慧の水を出だして窮尽なきがゆえに」(聖典二〇一頁)とあります。「涌泉」、わきでてくる、いずみ。わいてくる冷泉。本願力がわき水に譬えられて、一つの泉であると言われていることは非常に重要な意味があると思います。

またこのわき水に譬えられているのが聖徳太子の三経義疏の一つ『勝鬘経義疏』の最初のところで、「修多羅」という言葉の意味内容について解釈が示されています。「お経」という意味の言葉ですが、それはわれわれに教えとして伝えられています。その教えには五つの意味がある。その中でも二つが大事で一つは「涌泉」、もう一つは「墨縄」と言われています。仏説というものはわき水に譬えられている。「墨縄」というのは大工さんの使う、墨縄のことです。昔は木造で東本願寺の両堂をはじめ奈良時代の大仏殿からすべて墨縄を使って線を引いて、材木を切って組み立てました。大きな建物を造ることもできたわけです。したがって墨縄というのは基準になるものを示しています。だから仏さまの教えも悩みごとを解決する上での基準になってくださる。何らかの依り処もなしにわれわれは問題に対処することはできません。と同時に、わき水のように浄化された新鮮な地下水のような源泉によって生きていけます。それが『勝鬘経義疏』によって明らかになっているので、聖人は「行巻」の御自釈の中に御引用なさったのです。

「なお涌泉のごとし」とあって、わき水のようなものですと言われています。何がというと「一乗海」が、真実そのものがそうだ。そして本願も、誓願もわき水のようだとおっしゃるのです。仏さまの誓願がわき水のように、皆さん一人ひとりの心の深いところではたらいて、命の源泉の役目を果たしてくれている。私たちの心のしかも中心の源泉が智慧の水、ただの水じゃなく智慧の水のはたらきをして、私たちに「真実」を気づかせようとしてくださっている。尽きることのない源泉と言うのです。いろいろな言い方がありますが、この言葉に気がついたのが昨夜です。ああ、これが私の法蔵菩薩であったかと。それと共に、皆さんの法蔵菩薩でもある。はっきりと私は断言できます。その法蔵菩薩を皆さん自身がこれから確認することで、どんな問題に出会っても対応できる。またこれからぶつかることがあっても今日から始まっていく、皆さんたちの真の学びによって皆さんの歩みが進められていく。その時に、そう言いながら、学んでいるはずなのに、いつの間にか居眠りが出てしまう。それこそ心は猿の心の如くに絶えず飛んだり跳ねたりして、あっちへ行ったりこっち行ったりする。ちっとも落ち着きがない。そういう現実であるということは、「仏かねて知ろしめして」であって、仏さまから見ればすべて見え見えだから何の心配もいらないと言ってくださっているのです。

そこで「いやぁ、おっしゃる通りでした」というように、その都度確認すればいいのです。私たちに求められているのは、その事実を認めることだけです。その疑いようのない事実を認めることだけです。そのことが積み重なっていくと、疑いようがないということが私たちのような疑り深い凡愚にも、認めるしかないことになるのです。それが疑いようのないことに、やっと出遇った証拠になります。認めるしかなくなったことを「信ずる」というのです。次の「信巻」の問題に連動します。私たちのたくらみはだめです。「しかれば、金剛心のひとは、しらず、もとめざるに、功徳の大宝、そのみにみちみつがゆえに、大宝海とたとえたるなり」(聖典五四四頁)です。「この功徳をよく信ずるひとのこころのうちに、すみやかに、とくみちたりぬとしらしめんとなり」(聖典五四四頁)とおっしゃっているのです。不思議なことであり思いもかけないことですが、そのお「心」を賜って、それに包まれているとしか言いようがありません。

「帰命尽十方無碍光如来」とおっしゃってくださっている天親菩薩の十字の名号が、「光の如来」となってわれわれに智慧を与えてくださっている。それが今度は、わき水のほうに変換される。それもまた非常に重要なことです。前著の『往生論の真髄』の題で「真髄」という表現を使ったのは、頭蓋骨の中でわれわれが物事を判断してしまっているその脳味噌に対比させるためです。その脳味噌が、私たちの第六意識です。それは、いかに間違いやすいか、騙されやすいか、自分勝手な判断ミスをしてしまうかということ。ここだけははっきりしていただきたいと思います。それは頭蓋骨のがちがちの石頭の骨の中で損得だけにしがみついているからそうなってしまうので、その脳味噌よりももっと、中身の髄液が大事だということを示すためでした。それは、わき水、冷泉となって、われわれのいのちを支えてくれているはたらきです。われわれがものを判断する場合に、智慧の泉となって適切な対処の方法を気づかせてくれる。皆さん一人ひとりに、ああ、私の力じゃないのだと気づかせる。如来様が私に代わってご苦労くださっているという「五劫思惟の本願」とか、「十劫正覚の御苦労」とかです。現在もなお法蔵菩薩は、手の打ちようのない私を助けるために、只今御修行中なのです。「魂」の力です。「南無阿弥陀仏ハ法蔵魂ゾ」という曽我先生のお言葉ともつながりながら、われわれのこれからの歩みという具体的な生き方に対する手がかりを与えてくださっているのではないか。生きていらっしゃる法蔵菩薩というのは、抽象的な観念によってでっち上げられた存在しない世界のことではない。その誤りを的確に押さえて、文句なしの事実の証明を可能にする。その唯一の方法が見出されたのだと思っています。そんなことで時間も過ぎたようですので終わらせていただきます。質問があるのなら関連させながらの補足説明ということにさせていただきましょうか。

質問者

最後のほうで一実真如海のお話をなさった時に、「ただ」ということもおっしゃっておられましたが、この「一実」ということと「一乗」ということの関係性についてもう少し話していただけますか。

答…鍵主先生

聖典の一九六頁を開いてください。その真ん中あたりに「「一乗海」と言うは、「一乗」は大乗なり。大乗は仏乗なり」云々とありますね。「乗」というのは乗り物のことで、大きな乗り物と小さな乗り物とある。方法論のことを乗り物に譬えているのです。目的地に到達することができるのは教えが示されているということです。教えの方法ということでもいいのだけれども、「すでに教法あり」ということです。

そこで今回つくづく思いましたのは、「浄土真宗」というのは大変な問題を提起している言葉だということです。そしてその時「お浄土」ということになると、われわれの現実はもうどうしてみようもないほどの誤解の渦に巻き込まれていて、日本人のほとんどはそれが素晴らしい喜びの状態のことであると思わない。せいぜい「天国」か死後の世界を表わしているだけです。しかもどのような意味での「天国」なのかは深く追求しなければならないのに、それについては何も考えない。したがって行き詰まり状態、おろおろというか、まさに五濁悪世というような世界全体が混乱状態に陥っている。どうなるのやらこうなるのやら、それこそ化け物屋敷に迷い込んだような状態です。しかしよくよく考えてみるとお釈迦様が覚りを得られたというそのこと自体が、私たち日本人の誰も気がつかないことを覚られたのではないか。私たちは、姿形は人間の形をとっていることは確かです。だが、その人間というものの成り立ちが抱え込んでしまっている恐ろしい問題。六道に輪廻することの意味している空回りの状態の果てしない連続性のことです。気鋭の評論家である内田樹さんが、真宗にも仏教にも触れたことはないと思われるのに見事に言い当てていると思ったのが、「朝三暮四」と言われる問題です。猿を飼っていた人の懐事情が悪くなり、餌を減らさなければならないことになったから、ある朝に餌として与えていた茅を朝三つにし夜四つにしたいと言ったら猿が不満だというので、それじゃあ朝四つにして夜三つにしたらどうかと言うと大喜びで猿が満足したという話です。これは有名な中国の故事（『荘子』内篇「斉物論」六、『列子』「黄帝」一九）です。そのようなことで、数は同じなのに、その時もらった食べ物だけしか見えない。

そのために、最初三つだと怒っていながら後でどうなるかがわからないために、今四つもらえれば、それでいいと喜び、夕飯の時は数が減ることに気づかない。そういう人間の心の闇のことを言っているのです。要するに目先だけで物事を判断して、儲かりさえすればということにしか関心がない。現在さえよければそれでいいという発想です。全体としての数がどんどん減っていって、最後には食べるものがなくなるという事実を見通せない愚かな心の闇です。だから目の前のことだけに惑わされてしまう。物事それ自体の持っている驚愕すべき状態については、自分に返ってくることなのに全く気づいていない。そのように錯覚してしまうわれわれの心の闇に対して、どのような手当ての方法があるか。

わき水が渇きを潤すように、智慧の水が湧いてきて、手の打ち様のない問題に対して、先ほどのところとの関連についても念頭に置きながら「行巻」を見ますと、「なお涌泉のごとし、智慧の水を出だして、窮尽なきが故に」（聖典二〇一頁）とあります。わき水の源泉が私の心の中の深いところにあるということになります。そのことが確認できたなら、唯識と言われている心の深層に、私自身が本当に求めていたものが見つかったということになります。私たちの普通の判断力は第六意識です。その第六意識は浅い心ですから、どんなに対処しようとしても錯覚してしまうのです。そうなるに決まっていると言えるかもしれません。なんでも今、「オレオレ詐欺」が動き出しているそうです。政府が国民一人ひとりに十万円ずつ配るというのも景気をよくするための対策でしょうが、詐欺師にとってはチャンス到来なのです。その詐欺にまんまと引っかかるのは、第六意識が反応するからです。どうしてなるのか。祖父さん祖母さん、私もその立場だからわかるのです。電話口の声が「オレオレ」、「孫」と言った途端に、私の第六意識が、孫の声に聞いてしまうのです。つまり「すべては唯識」ですから、私の内心のところの声に反応して孫からの電話声に聞こえてしまうのです。そういう闇の心を持ちながら私たちは生きているのです。その意味では、唯識は人間の理知の弱さを正確に見破っていると言えます。

親鸞聖人というか、唯識だから天親菩薩でもいいです。お二人共、人間の心のからくりを徹底的に見破られた方でしょう。その点から見直すと、どんな詐欺師だといっても、それに欺かれるわれわれの心のほうにそれに騙される錯覚の主体もなしに詐欺にかかるということはあり得ない。だから親鸞聖人がきつく私を叱られたのが「他人事にするな、自分自身のこととして受け止めよ」ということであったのです。他人の話になった途端に痛くも痒くもない状態になる。かえって「他人の不幸は蜜の味」だという恐ろしい心が威張り出すのです。その問題とどうしても関わる要素を、われわれは自分の中に抱え込んでいるのではないか。

そこで「一実真如」と言われる場合、真如のほうは本願に属します。そのことはわかりますね。「誓願一仏乗」とも言います。法蔵菩薩が誓いを本質とする願を立ててくださって南無阿弥陀仏という「仏さま」に成られた。その南無阿弥陀仏「一つ」でわれわれを助けようとおっしゃっている。どうしてそのようなことができるのか。わからないのです。私にもただ何となく感じ取ることはできるのですが、その底知れない意味が「深広無涯底」（『大経』下、聖典五〇頁）でありそうだというくらいです。

したがって「ナマス、アミターバ、ブッダ」は異国のコトバを漢字の呉音で表わしているので、わからなくても心配いらないと、『北海真宗』（二〇一九年十一月号・本書一八六頁参照）の巻頭言で書きました。その言葉の意味は凡愚である私たちには夢にも思えないことですから、「桃色吐息」という歌謡曲の、「異国のひびきに似て不思議」という一句に言及したわけです。マイケルさんは異国の人ですから、「日本語をよくここまでわかるようになりましたね」と感心しています。しかし今回の異国の言葉、「南無阿弥陀仏」という漢字で表されているその意味はどういうことなのか。よくわかるとは言えないところもあるでしょう。漢訳の意味を表した十字の名号は「帰命尽十方無碍光如来」です。ナムアミダブツというサンスクリット、インド語の漢訳の意味は、「帰命尽十方無碍光如来」という十字の名号で示されています。そして九字の名号は「南無不可思議光如来」、漢字で表せば意味のほうが主で、「南無」だけが音写語です。そのへんは日本語で言えばひらがなでもカタカナでも表せる。けれども発音そのものは漢字で音を表しているだけで「南無阿弥陀仏」と言う。六字の名号は、御本尊なんだけれども、元のサンスクリット語の音だけを表している。「ナマステ」というインド語だから「南無」と言っているだけです。「正信偈」の帰命のほうが意味を表しています。二行目の南無不可思議光の「南無」はサンスクリットで言っています。

だからサンスクリットの音写語と漢訳した時の意味と、混合しながら、「なんまんだぶつ、なんまんだぶつ」と言っている。そういうことで、常識的に考えて「ただ念仏で助かるなんてあり得ない」と、私なんか長い間その問題で悩まされ続けてきたのです。

その意味がやっとつながってきた、というのが今回の経験です。先ほどの「一乗海釈」の「涅槃界」であり、「究竟法身なり」と言われて、「究竟法身を得るは、すなわち一乗を究竟するなり」（聖典一九六頁）と言う。一乗というのはこれしかありませんという方法論です。一つしかないということを親鸞聖人の晩年のお言葉で言えば、『唯信鈔文意』の最初のところの文章です。「『唯』は、ただこのことひとつという。ふたつならぶことをきらうことばなり」（聖典五四七頁）。また唯識の視点となれば、「『唯』は、ひとりというこころなり」（同前）です。私はそのように受け止めています。世親菩薩の唯識の真髄を見事に了解されたのが曇鸞大師であり、それと同時に龍樹菩薩の空の意味についても鳩摩羅什三蔵のお陰で深く理解していらっしゃったのが曇鸞大師です。羅什訳の見事な意訳は抜群でしたから、今日で言えば超訳です。言葉の「たましい」を伝えてくださった。「言霊」と言うでしょう。言葉に「たましい」が潜んでいるのです。ただの音《おん》じゃありません。文字づらだけじゃありません。文字にも「たましい」が含まれているのです。「なんまんだぶつ」は「南無阿弥陀仏ハ法蔵魂ゾ」と曽我先生は言われます。この言葉もわかりにくいけれども、何となくわかるような気がしないわけではない。それは、その言葉の招喚している背景がゆるぎない確かさで私たちに呼びかけているからです。その言葉につられるような感じでその雰囲気に包まれるために、言葉では表しきれないもの――「いろもなし、かたちもましまさず。しかれば、こころもおよばれず。ことばもたえたり」（聖典五五四頁）とおっしゃる親鸞聖人の言葉の奥行きを、私たちでも何となく感じ取ることができるのです。考えてみてもわかりませんというのは、思議が考えることなので、それを不可と否定されて、不可思議のところへ戻るのです。

「正信偈」の二行目で言えば「不可思議光」に「南無」することになります。不思議であるけれども光そのものである仏さまのお心に触れることによって、われわれは直接その智慧に出遇うことができるということです。なぜなら、こちらから仏智の世界へ行こうとすると、とんでもない難行道ですが、私たちがたのみもしないのに、「如来我となりて我を救いたもう」と言って、私の五臓六腑のど真ん中に向こうから飛び込んで来てくださっているのが法蔵菩薩であるとおっしゃるのが曽我先生だからです。

われわれの心臓は、今、コトコト動いているでしょう。最初に母親のお腹の中で精子と卵子が結びついて、それが胎内で成長して心臓ができた。その時、最初から心臓ができたわけでないらしい。他の臓器などとの関係があるようですが半分くらいできているところ、十月十日の半分くらいのところで心臓がコトンっと動き出すらしいのです。以後その心臓が今、私なら八十八歳まで動いてくれている。あなたたちも同じではないですか。その動く力は生命力そのものとなりますが、私たちの思議など、全く関係のない状態でしょう。不思議としか言いようのない「いのち」の実相です。いろいろ確かめていくとそのような問題とも関連してきて、改めて自分自身の「身」、「身体」を場としての生命活動が成り立っていることに驚いているのです。

その活動の瞬間を機械の「機」という文字で表して「機の深信」、「法の深信」という問題を深められます。いずれにしてもわれわれ人間を機という文字で表すというのは中国仏教の特色です。「機」の三義の第一が「機微」、微妙な瞬間です。第二が機関車の「機関」です。動き出す瞬間です。その瞬間が「機関」だと言われます。そして第三が「機宜」、よろしきをえている。うまいこと行っている状態。天台大師の『法華玄義』で言われている説です。宗祖はそれらの点を正確に理解しています。大変なことなのです。仏教が漢字の文化圏に同化したことによる中国仏教の特筆すべき現象ということになります。

ところで、「行巻」の御自釈には「その機は、すなわち一切善悪大小凡愚なり」（聖典二〇三頁）とあります。だから「私は善人です」と言おうと「悪人です」と言おうと関係なし。「老少善悪のひとをえらばれず」（聖典六二六頁）で言えば年齢も関係なし。本願から見れば、それらはすべて超えられている。その本願とは何かというなら、如来様の世界のことでしょう。阿弥陀さんの世界です。お覚りを得られた仏さまの境地です。このどうしようもない混沌たる私たちの現実。すべてが反対向きになっている。その状態の中でただ一人、出家して六年間の苦行の果てに、明けの明星の輝く頃、無明が見えたと自覚された。その時が光の如来に出遇われた時であり、覚者の成道です。お釈迦様の覚りの状況から言えば、そうなります。根本仏教ではそう言っています。

やっと親鸞聖人というか、曽我先生のお陰で私はなるほどその通りですねと納得するしかなくなった。それが「ただこのことひとつ」の問題です。それを天親菩薩の唯識で言うと「またひとりというこころなり」でした。人間の心の問題のところに集約したのです。しかもそのことは龍樹菩薩の空ずるという教と表裏の関係でした。どうしても否定しないといけない問題が絡んでくる。なぜかというと有と無を固定化して、すぐ騙されるからです。自分の中で詐欺師の声に反応してしまう。その心がはたらく私の命のあり方の長い間の経験です。熏習と言います。そういう経験を種子として溜め込んでしまっている。だからちょっと目先を変えるだけで見事に策にかかる。大変な目に遭う。そのような頼りにならない自分を否定して、生きていること自体に関わる。「畢竟」とか「至極」と言われているところを依り処とする。

「畢竟依に帰命せよ」とある。それです。至極は究極です。どん詰まり。「大乗の至極」のことです。一人だけ助かるとかエリートでないとだめと言うのじゃない。エリートというような選ばれた方がその能力を最大に発揮して、われわれのようなどうしようもない最低の凡夫を助けたいというのではない。弘誓の悲願を起こされたというのは、「これすなわち誓願不可思議、一実真如海なり」（聖典二〇三頁）とあるように、自分の思議でどうにかしようとする世界とは全く異質だということです。どうしてそのような願を起こしたのですかと聞いてみたい気もありますが、そのことは仏さまの世界のことです。うろうろしながら空しく流されている私たちにとっては、不思議ですと言うしかない。無明の中の凡愚にとっては思議を超えた智慧の光の覚知としか言いようがない。どういうことかわからないところもあるのですが、何となくわかりますと言えないこともない。まさに「機微」の「微妙」ですね。

だからわかればいいということにはならない。それではだめなのだということになります。わかってすっきりしたというなら嘘っぱちです。嘘の出鱈目だけを振りまいて善良な人たちを悩ますのではない。騙される人はたくさんいるというけれども、本当か嘘かわからないのにありもしない夢物語を語って人を惑わす。そういう話ではなしに、説明もできないし考えてもわからないのだけれども、それじゃあ何にもないのですかということになると、そうとは言えない。何かしっかりした揺るぎない確かな依り処がある。それなんです。曇鸞大師が見事だと思うのは裏付けがある。「真実功徳」について「顛倒せず、虚偽ならず」（聖典一七〇頁）と言われている。逆立ちしていないことと虚偽ではないことだと言われます。本物（真実）に出あうにはどうしたらいいかと言えば、真実を探しても駄目だということです。逆に嘘がわかればいいのです。したがって本願についても、確かに私のためでありましたということが確認できればいいのです。そのためにはどうしたらいいのかという場合でも、「これが本願です」とは言えないという発想なんです。健康とはなんですかと仮に言う場合、健康とはコレコレですとは言えないのが健康なんです。つまり、逆に言うしかないのです。「病気ではありません」と言うしかないのです。病気でないこと、病んだ状態になっていないこと。それを健康と言う。それだけです。そして「顚倒せず」とは逆立ち状態になっていないことです。逆立ち状態になっているとすぐ頭に血が上る。逆立ちしているんだから当然です。気に入らないことを言われるとすぐにカッとなるでしょう。急所を突かれたからです。痛いところを突かれたのでカッとなる。見事にそうなる。逆立ちしているからです。血が上るんじゃない。頭の中に血がすでに溜っているのです。その意味では無理に無理を重ねていることになる。そのようにして生きているのがわれわれの日常生活ということになります。そのような逆立ち状態から解放されて、自分の足で立つ。なすべきことをなすために両足で立つ。二本の足で立つ。自分の足で歩む。それが実際に生きることです。生活していくことになる。だから「顚倒せず、虚偽ならず」が大切なのです。

「ああ嘘でしたわ」ということに気がつく。すると逆立ち状態でなくなる。すぐカッとなって手近にある刃物で人を殺すという行為から免れられる。そのような否定の状態を龍樹菩薩の「空ずる」という言葉が表しているのです。

したがってわれわれが生きているということは、否定しなければならない部分が自分の体質の中にあることを認めなければならないということになります。そこから始める。そのことが「雑行を捨てて本願に帰す」とおっしゃられたことの意味ではないか。だから雑行を捨てて、選びに選んだ選択の本願にやっと帰ることができたという表白になります。『選択本願念仏集』、法然上人との出遇いのことです。「ただ念仏して、弥陀にたすけられまいらすべしと、よきひとのおおせをかぶりて、信ずるほかに別の子細なきなり」（『歎異抄』、聖典六二七頁）でしょう。『歎異抄』的な言い方です。法然上人は誰に対してもこのことしか言わなかった。ただ一つだった。けれどもその唯一性は、同じところを空回りしている「ただ」ではない。そうではなしに、本願に出遇うことによって賜わった願力そのものの果てしないエネルギー、人間であるわれわれ凡夫にとっては想像を絶するエネルギーを賜わったのです。曽我先生で言えば、向こうから勝手に飛び込んできて私の五臓六腑を循環してくださっている。たのみもしないのにそれぞれの役目を果たさせていてくれている。われわれ人間とウイルスとどっちが上なのかとなった時、われわれ人間が上だというのは猿です。傲慢さと、錯覚のエゴイストになってしまう可能性があるからです。仏さまから見ると同じです。平等、平等。いのちあるものはすべて同じです。仏さまの覚りの世界では、なんの違いもありません。だから以前、この仏青の会に参加された遠藤さんが、王子動物園のニワトリの像とその碑文に出遇って、美味しそうと見える自分の見方にショックを受けたのだとの便りをいただきました。われわれは豚でも牛でも美味しそうと見てしまう。食べ物と見える。食べられるほうになるという想像力が欠けている。そういう話です。美味しそうと言うなら、お前がウイルスに食べられる時にありがとうと言ったらどうかということです。ニワトリの像の碑文に書いてある言葉に触れて、今までの自分の傲慢さを思い知らされたと言うのです。それが彼女の回心です。自分勝手な自己中心主義。すべてを食い物にしていた自分。その私が食われる立場になることは縁さえあれば事実になる。そのことにやっと気がついたことで、今まで自分に取りついていたお化けから解放されたと言うのです。

仁和登利の塔（碑文・桐山宗吉）
にわとりは時告鳥ともいい暁に啼いて人々にときを告げる
にわとりは卵をうみ一身を人に供して栄養を摂らせている
いく万いく億のにわとりは人々によって作られ
人々のために捧げ　いじらしくもまた大きな貢献をなし続けている
人々はここに　にわとりをたたえ　この塔を建て　その魂にむくいる
ありがとう　　にわとりたちよ

あとがき

本書は鍵主良敬先生の、前著『近代真宗教学往生論の真髄』以後の著述と講話の内容を中心として、先生の一周忌を期して出版させていただくものである。

先生が、私たちにとっては突然、お浄土にお還りになられたのは、二〇二〇年七月十日の午後十時四十分のことであった。お嬢様からの深夜の電話に耳を疑い、言葉を失った。

三週間前の六月十九日、「次の原稿ができた」と連絡をいただいてご自宅に伺うと、「この十日程、お腹の調子が悪くてエライ目にあったよ」と、例のごとく豪快に笑い飛ばし、「もう元気になったから上別府茂編集長に出版の相談をしておいて欲しい」とのことであった。その直後に入院されたとの連絡があり病室に伺うと、「腸炎の検査だから一週間位で帰れるだろう。これまでの分の補足が机の横にあるから、娘に言って持って帰り、見ておいてほしい」と、普段と変わらぬご様子だったのだが。

前著の「あとがき」には「遺言の最後になって」と書いておられたのに、その校了の直後から、新たな原稿をお預かりし入力してお届けすることになり、その度に朱で直されたものと次の原稿をお預かりすることが始まっていた。先生が出版を予定されていた「回向の主体として生きる法蔵菩薩」がそれである。前著では部分的にも、また全体を通しても何度も推敲がなされていたが、今回、特に入院されてからお預かりした補足部分については、正直なところ続き具合さえ判然としないものがあり、学兄諸氏のご助言をいただいて事務局の責任でまとめさせていただいたものである。全体を通して先生にご確認いただくこともかなわず、その意味でも未完成原稿であるとご理解いただきたい。

「生きてまします法蔵菩薩」は二〇一八年十一月二十八日の、真宗本廟報恩講結願日中の「祖徳讃嘆」の記録で、真宗大谷派の宗報『真宗』二〇一九年二月号に掲載されたものである。

「「正信念仏偈」に学ぶ」は真宗大谷派北海道教区報『北海真宗』の巻頭言で、シリーズの最初の六回を先生が担当され、二〇一九年八月号から二〇二〇年一月号に掲載されたものである。

いずれも、多くの方々にお読みいただきたいとの願いのもと、真宗大谷派宗務所出版部並びに真宗大谷派北海道教務所のご理解をいただき、許可を得て転載させていただいたものである。

「〝人間の心の闇〟と生き抜くエネルギー」は文字通り先生の「最終講義」である。当初、二〇二〇年六月九日の先生のお誕生日に、大谷大学の尋源講堂で米寿記念のご講演をいただき、その後「祝う会」を開催する計画であった。ところが、新型コロナウイルスの蔓延を受けて、やむなく一年延期することになったことである。しかし、「どうしてもお祝いしたい」という篤い思いを持つ仏教青年会のOBを中心とした有志が先生の御自宅に集い、二〇二〇年四月二十二日にご講話をいただいた記録である。

なお、原稿の整理に当たっては、先生が書かれた表現をそのまま生かしたが、引用等の漢字の字体は通行体に、漢文は書き下し文に改め、仮名は片仮名を含め現代仮名遣いに改めた。また、誤記または誤入力と思われる字句は事務局の判断で修正し、わかりにくいと思われる部分には注を付した。

本書刊行の企画・編集は、大谷大学での「鍵主ゼミ」、先生が顧問をされていた「仏教青年会」、先生の師であった山田亮賢先生以来続く「浄眼洞」、各々の有志が中心になって行ったが、広く、様々なご縁と様々な場で先生の教えを受けた者全てが、先生の遺した言葉を手がかりとして、各々の問いと学びの機縁としたいとの願いを込め、発行母体を「鍵主良敬先生の学恩に謝する会」としたものである。

最後に、本書の刊行については、方丈堂出版編集長・上別府茂氏にはひとかたならぬご配慮をいただいた。突然の無理な出版の依頼を快諾いただいただけでなく、種々適切なご助言をいただくことで、刊行に至ることができた。そのご厚情に甚深の謝意を表す次第である。

また、大谷大学准教授マイケル・コンウェイ氏には、先生の難解・難読の原稿を精査し、的確な教示をいただいたことで本書が成ったことである。ここに記して謝念を表すものである。

二〇二一年七月

「鍵主良敬先生の学恩に謝する会」事務局　三原隆応

〈著者略歴〉

鍵主良敬（かぎぬし　りょうけい）

1933（昭和８）年北海道根室市で生まれ、39年同北見市仁頃町に転居。61年大谷大学大学院文学研究科仏教学専攻博士課程満期退学。大谷大学教授を経て、同名誉教授。文学博士。2020年７月10日還浄。

主要著書は、『華厳教学序説』（文栄堂、1968年）、『要説大乗起信論』（東本願寺出版部、83年）、『法蔵（人物　中国の仏教）』（共著、大蔵出版、91年）、『華厳経管見』（東本願寺出版部、92年）、『人間開華の旅』（大谷大学、99年）、『無上涅槃の妙果』（東本願寺出版部、2006年）、『『顕浄土真仏土文類』窃以』（同、08年）、『近代真宗教学往生論の真髄』（方丈堂出版、18年）ほか論文など多数。

生きてまします法蔵《ほうぞう》菩薩《ぼさつ》

二〇二一年七月一〇日　初版第一刷発行

著　者　鍵主良敬
発行者　光本　稔
発　行　株式会社　方丈堂出版
京都市伏見区日野不動溝町三八―二五
郵便番号　六〇一―一四二二
電話　〇七五―五七二―七五〇八
発　売　株式会社　オクターブ
京都市左京区一乗寺松原町三一―二
郵便番号　六〇六―八一五六
電話　〇七五―七〇八―七一六八

印刷・製本　株式会社　三星社

Printed in Japan

ISBN978-4-89231-223-6

初出一覧

◇真宗本廟報恩講「祖徳讃嘆」「生きてましますます法蔵菩薩」
（『真宗』二〇一九年二月号、東本願寺出版）
◇巻頭言「「正信念仏偈」に学ぶ　―総讃のこころ―
（『北海真宗』二〇一九年八月号～二〇二〇年一月号、真宗大谷派北海道教務所）

凡例　引用文等の旧字体は通行体に、歴史的かなずかいは現代かなずかいに改めた

※主要著書に前著では記載されていなかった『曽我教学』を加えたのですが、記載方法に誤りがあれば修正をお願いします。

また、凡例についても適切な表現への修正をお願いします。